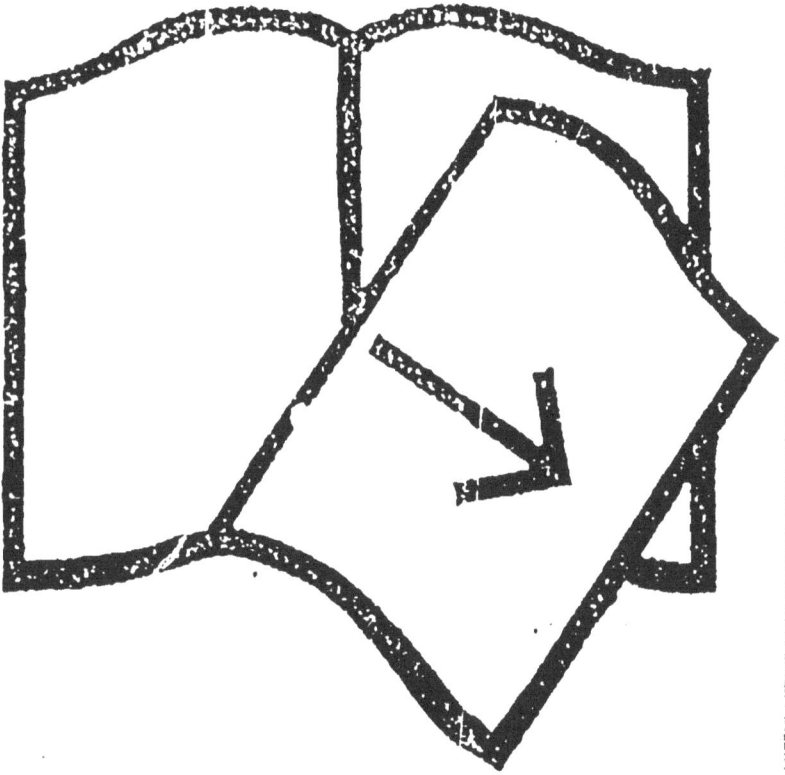

Couverture inférieure manquante

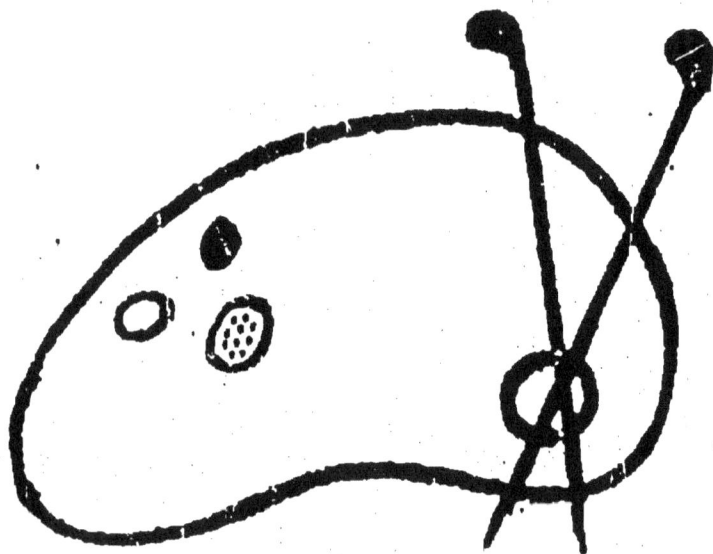

Original en couleur

NF Z 43-120-8

PHYSIOLOGIE CÉRÉBRALE

LE SUBCONSCIENT

CHEZ

Les Artistes, les Savants et les Ecrivains

PAR

Le Docteur Paul CHABANEIX

MÉDECIN DE LA MARINE

Préface de M. le Docteur RÉGIS

CHARGÉ DU COURS DES MALADIES MENTALES A LA FACULTÉ DE MÉDECINE DE BORDEAUX

PARIS

J.-B. BAILLIÈRE & FILS, ÉDITEURS

19, Rue Hautefeuille, près du Boulevard Saint-Germain

—

1897

PHYSIOLOGIE CÉRÉBRALE

LE SUBCONSCIENT

CHEZ

Les Artistes, les Savants et les Ecrivains

PAR

Le Docteur Paul CHABANEIX

MÉDECIN DE LA MARINE

Préface de M. le Docteur RÉGIS

CHARGÉ DU COURS DES MALADIES MENTALES A LA FACULTÉ DE MÉDECINE DE BORDEAUX

PARIS

J.-B. BAILLIÈRE & FILS, ÉDITEURS

19, Rue Hautefeuille, près du Boulevard Saint-Germain

1897

A MON PÈRE ET A MA MÈRE

Faible témoignage de mon affection profonde
et de ma reconnaissance.

PRÉFACE

Il est des individus qui présentent à certains moments, soit le jour, soit la nuit, un état particulier, difficile à définir, tenant le milieu entre le sommeil et la veille, entre le conscient et l'inconscient : sorte de rêve somnambulique ou comme on dit, de *subconscient*.

Dans cet état, la cérébration automatique, s'exerçant en pleine liberté, peut engendrer, à côté de rêvasseries vagues et confuses, des conceptions suivies, des scènes vivantes et coordonnées, parfois même des productions achevées de l'esprit qui apparaissent le plus souvent à l'individu comme nées en dehors de sa volonté ou même en dehors de lui.

Etant donnée la fréquence, chez les hommes de talent et de génie, du somnambulisme, de la névropathie, des hallucinations oniriques, il était intéressant de savoir s'ils étaient particulièrement sujets au rêve subconscient et si oui, quelle part ce subconscient pouvait revendiquer dans leurs créations.

C'est cette étude, difficile et délicate entre toutes, que le docteur Chabaneix a tentée.

Grâce à ses fructueuses recherches dans l'histoire des grands hommes tels que Gœthe, Mozart, Arago, Condillac, Henri Heine, Voltaire, Bernard Palissy, Benve-

nuto Cellini, Tartini, Shelley, Schumann, Schopenhauer, Wagner, Tolstoï, etc., grâce surtout aux réponses si précises et si curieuses qu'il a obtenues d'un
grand nombre d'auteurs et d'artistes contemporains,
Sully-Prudhomme, Roll, Rafaelli, Saint-Saëns, Vincent
d'Indy, Camille Mauclair, Mme Rachilde, etc., etc., on
peut dire qu'il a réussi, autant du moins qu'il était possible, à élucider le problème.

Il ressort, en effet, de son étude, très clairement do-
cumentée, que le subconscient paraît se retrouver avec
une fréquence grande chez les hommes de talent et de
génie, et que chez beaucoup, il intervient dans les productions à un degré plus ou moins marqué. Certains
même ont la sensation d'être comme étrangers à leurs
productions : « Je n'y suis pour rien », disait Mozart.

Une telle démonstration, appuyée sur des faits pro-
bants et que l'auteur eût pu certainement multiplier,
donne à son livre un intérêt majeur. Elle met en lumière, en effet, l'une des conditions psychologiques les
plus curieuses dans lesquelles puissent se produire les
grandes œuvres de l'esprit humain. Elle établit aussi
que la personnalité des hommes de talent et de génie,
si diversement interprétée, est plutôt faite d'éréthisme
nerveux que de folie et que les grands créateurs sont
souvent, non des insensés, mais des dormeurs éveillés
perdus dans leur abstraction subconsciente, en un mot,
des êtres à part, marchant vivants dans leur rêve étoilé.

E. Régis.

INTRODUCTION

Considérations Générales sur le Subconscient.

INTRODUCTION

« A jouer au fantôme, on le devient. »

––––––––––

L'idée de notre travail nous a été donnée par le Dʳ Régis, qui n'a cessé, par ses conseils, de nous guider au cours de notre marche peut-être aventureuse dans des régions de la médecine d'habitude si peu explorées des médecins. C'est aussi à son enseignement si clair, soit aux leçons cliniques du jeudi, soit aux consultations du mardi que nous devons d'avoir pris goût à l'étude de la médecine mentale et à celle de la psychologie, la première éclairant et facilitant la seconde. Que notre maître reçoive l'expression de nos sentiments de profonde gratitude.

Afin de réunir les observations, lumières éclairant la voie, nous avons pris l'initiative d'une enquête auprès de nombreux artistes, savants et écrivains, et nous tenons à remercier ceux qui ont bien voulu, un instant, abandonner leurs travaux pour fournir, par des réponses détaillées et précises, à notre modeste étude, ce qu'elle peut avoir d'intéressant.

Notre ambition a été de relater et de classer des faits. Si certaines parties de cette étude pèchent par un manque de précision, il ne faut point s'en prendre uniquement à l'auteur, mais aussi un peu à son sujet, encore trop du domaine de la théorie et de la littérature pour avoir mérité les honneurs de l'expérimentation scientifique. Si le mystère réside dans les « Au delà », c'est aussi bien dans celui de la conscience que dans celui de la vie. Le rôle de celui qui aborde ces questions est d'apporter pierre par pierre, des matériaux seuls capables de combler l'abime qui sépare la physiologie incomplète de la psychologie plus incomplète encore.

Avant de commencer, il est nécessaire de définir ce que nous entendons par subconscient. Il ne faut point entendre par là seulement « les formes inférieures d'activité mentale », comprises dans la classe de faits désignée par M. Pierre Janet sous le nom d'automatisme psychologique.

Tout le monde connait cet état de subconscience si fréquemment cité qui permet à un individu absorbé, par exemple à un savant échafaudant une œuvre quelconque, de marcher dans la rue, d'éviter les passants, ne pas se cogner aux murs, absolument comme si la pensée, tout entière à l'opération mentale réfléchie, surveillait cependant le déplacement de sa machine corporelle. Mais nous ne croyons pas qu'il n'y ait que ces opérations élémentaires de l'esprit qui soient susceptibles d'être subconscientes. Il ne s'agit point d'une séparation si nette entre les deux activités, subconsciente et consciente, à l'une étant réservée la vie inférieure de l'esprit, à l'autre la supérieure ; et nous sommes de l'avis de M. Binet qui dit que la première « en se compliquant et en se raffinant (¹) » peut se transformer en la seconde.

M. Richet qui a observé des médiums, sources précieuses d'études à ce sujet, admet également que « les mouvements inconscients » ne sont pas livrés au hasard ; ils suivent une vraie direction logique qui permet de démontrer, à côté de la pensée consciente, l'existence simultanée d'une autre *pensée* collatérale qui suit ses périodes propres, et qui n'apparaîtrait pas à la conscience, si elle n'était pas révélée au dehors (²) par un appareil d'enregistrement (un crayon écrivant sur une planchette).

De sorte qu'on peut très bien concevoir un savant idéal

(¹) BINET, L'année psychologique, 3ᵉ année, 1896.
(²) JANET, Automatisme psychologique.

(pour revenir à notre exemple) qui, au lieu de créer son œuvre avec sa pensée réfléchie et de diriger sa marche avec sa pensée subconsciente, renverserait les rôles de son entendement, dirigerait sa marche avec sa conscience et ferait l'œuvre avec sa subconscience.

Toute perception suppose un travail mental et ce travail doit laisser une trace, trace qui sera la base d'un fait de mémoire. La mémoire, elle, est toujours subconsciente, mais elle l'est, si l'on peut dire, de deux façons : *latente*, et c'est le cas de tous les souvenirs qui sont en nous, prêts à se manifester, à revivre, soit par la réflexion soit par l'association des idées ; *subconsciente proprement dite*, et c'est le cas des souvenirs qui existent en nous, mais qu'il nous est impossible, à l'état de veille normale, de ramener à la conscience.

Il y a des faits à cheval sur cette division. Où mettrons-nous en effet ces souvenirs rebelles à l'évocation, ces mots qu'on a « sur le bout de la langue », qu'on croit, de guerre lasse, enfouis dans l'inconscient, et qui jaillissent ensuite lorsqu'on n'y pense plus ? De tels faits indiquent qu'il y a derrière notre mémoire de tous les jours un autre fond de mémoire où s'accumulent toutes les traces de notre travail cérébral. Certains cerveaux perdent à jamais ces traces, d'autres les retrouvent parfois, et d'autres enfin, doués ou plus souvent affligés d'une excitabilité spéciale, en sont encombrés; aux heures qui sont toutes de repos et d'inaction chez les autres, ces cerveaux imaginatifs font éclore sans fin des formes animées qu'ils combinent capricieusement. La personnalité du rêveur qui se souvient ainsi et joue au fantôme devient un fantôme elle-même. La subconscience est née.

Mais ce n'est pas la mémoire seule qui est subconsciente : avec les matériaux fournis par cette mémoire des associations, des raisonnements vont s'échafauder, subconscients aussi, et ainsi vont naître « toutes les pensées dont ne s'aperçoit point notre âme », comme dit Leibnitz. On dirait le travail de ces nains ingénieux, dont il est parlé dans les légendes allemandes qui, invisibles pendant la nuit, avec l'agilité du mystère, achèvent l'œuvre commencée des hommes.

Ce que nous appellerons subconscient sera précisément formé avec les éléments tirés de ce fond de mémoire, éléments qui, en se combinant et en se systématisant acquièrent une existence, une vie propre en dehors, ou du moins à côté de la conscience. Cette systématisation acquiert une véritable autonomie dans les cas de double personnalité ; mais ce sont là des raretés : il y a des intermédiaires, des embryons de personnalités secondaires qui se développent dans les cerveaux (et non dans les plus mal organisés), comme les faits que nous citerons dans le cours de notre travail tendent à le prouver.

Passons en revue ces intermédiaires : Il n'est personne ayant l'habitude des travaux intellectuels qui n'ait constaté que le travail cérébral s'accomplit souvent à notre insu, sans que la volonté intervienne, du moins actuellement.

Les écoliers étudient leur leçon, le soir de préférence, et le branle donné à l'intellect, se continuant pendant la nuit, en mûrit le souvenir, de sorte qu'ils savent mieux et plus sûrement le lendemain.

S'agit-il de travaux plus originaux, de compositions littéraires et même de problèmes scientifiques ? il en est souvent de même. Une difficulté arrête-t-elle le travailleur, il cesse ; mais le cerveau comme une machine à qui l'on a donné une matière brute ou à demi travaillée, et qui la transforme en merveilles d'industrie, ce cerveau manie les concepts déjà caressés; et le travailleur est surpris le lendemain de voir terminée et polie l'œuvre qu'il n'avait qu'ébauchée la veille. Dans ce cas, une impulsion a été donnée, une direction imprimée, et le travail s'est lentement fait, suivant cette impulsion, vers le but désiré. Quand le poète dit :

« Je trouve au coin d'un bois le mot qui m'avait fui. »

il accuse à la fois le travail de cérébration subconsciente et l'effort antérieur qui lui a donné naissance.

Ceci posé, il va être facile de comprendre que ce travail mental subconscient qui, le plus souvent, à l'état de veille, demeure aux profondeurs, va, pendant le sommeil, surgir, jouer le rôle lui-même et donner naissance aux phénomènes *oniriques*.

Le sommeil, d'après Lasègue (¹), comprend cinq périodes : 1° l'appétit du sommeil; 2° le sommeil commençant, qui s'étend généralement de onze heures à une heure; 3° le sommeil dans son plein qui s'étend de une heure à trois heures du matin; 4° le sommeil décroissant qui s'étend de trois heures à sept heures du matin; 5° l'appétit du réveil.

Le subconscient, dans les périodes de sommeil profond, intermédiaires à l'appétit du sommeil et à l'appétit du réveil, se manifeste sous la forme de *rêve* proprement dit; dans la première et dernière période, il se manifeste sous forme d'*hallucination hypnagogique,* et enfin, il se manifeste sous forme d'*hallucination,* lorsque l'image subconsciente, quelle que soit la période de sommeil où elle se produit, est assez intense pour s'objectiver, s'extérioriser et vivre à côté de la conscience réveillée.

Mais il y a plus encore : ce travail de cérébration subconsciente, manifesté par les rêves et les hallucinations qui sont, si on peut dire, les *apparitions* (sous forme d'images objectivées) du subconscient, va, à un degré plus élevé, se traduire par des actes et donner naissance à des œuvres, soit parlées, soit écrites, dans une espèce de somnambulisme lucide, œuvres d'éloquence ou œuvres écrites qui sont entièrement subconscientes.

On voit pour ainsi dire se former graduellement à côté de la personnalité consciente, et sortant d'elle, une autre personnalité, subconsciente. Elle se sépare peu à peu. D'abord,

(¹) LASÈGUE, Le Sommeil, études médicales, Paris 1881, p. 435.

elle veille alors que la première dort, puis, plus forte, vit à côté d'elle pendant sa veille, et enfin, dans les cas extrêmes, elle devient envahissante et l'annule presque ; c'est une seconde vie, où les spectres ont des aspects de réalités. Écoutez par exemple Edgar Poë : « Les réalités du monde m'affectaient seulement comme des visions, et seulement ainsi, pendant que les idées folles du pays des songes devenaient en revanche non seulement la pâture de mon existence quotidienne, mais positivement cette unique et entière existence elle-même ».

Par l'expression de cérébration subconsciente que nous venons d'employer plus haut, il faut entendre à la fois le travail de cogitation pure, c'est-à-dire dégagé de toute émotion et le travail cérébral suscité par une émotion, émotion qui est la base de la poésie et de l'art en général, par opposition à la cogitation, base des sciences (¹), comme le dit Max Nordau dans un de ses derniers ouvrages.

Dans la deuxième édition de *la Psychologie des sentiments*, M. Ribot apporte à cette manière de voir l'appui de son autorité. Après avoir parlé des émotions en général, avoir montré qu'il existe une mémoire affective analogue aux mémoires déjà classées, il va plus loin et traite de l'abstraction des émotions. Il n'est donc pas téméraire de considérer l'émotion comme la base de la poésie, qui est la réalisation vivante des formes aimées et caressées par l'imagination. La réviviscence affective est une source inépuisable d'œuvres et explique l'intensité d'émotion et de vie que les créateurs de génie savent insuffler à leur héros. Comme toutes les opérations de l'esprit, nous le verrons au cours de notre thèse, cette émotion féconde peut jaillir en rêve, subconsciente, alors que dort notre conscience. Et ce rêve ému, susceptible

---

(¹) Max Nordau, Psycho-physiologie du talent et du génie, Alcan, 1897, p. 80 et suivantes.

d'une réviviscence indéfinie, devient créateur d'œuvres belles.

Maintenant que nous avons défini la subconscience, les domaines sur lesquels elle s'étend et dans lesquels elle se limite, il nous reste à la rechercher dans les œuvres de l'esprit et chez leurs auteurs. Mais là, il faut encore établir une division nécessaire.

Il y a plusieurs manières de produire.

Un premier travailleur a une idée, cette idée l'obsède. Elle s'incarne en lui; ce n'est plus lui qui marche, qui vit: c'est elle. Le jour, s'il reste immobile, les yeux fixes, c'est qu'il essaie de l'étreindre; la nuit, c'est elle qui l'étreint; ses insomnies, ses rêves en sont pleins. Toute la machine à penser s'ordonne vers le but idéal qu'elle s'est fixé.

On demandait à Newton comment il était arrivé à la découverte de ses lois: « En y pensant toujours », dit-il. C'est qu'en effet, chez l'homme que domine l'amour de la vérité, le travail commencé ne s'arrête plus; lors même que la conscience est occupée à d'autres objets, il se poursuit en dehors d'elle.

C'est là le premier type de travailleur, peut-être le plus fréquent, et le plus intéressant au point de vue qui nous occupe.

D'autres que nous l'ont bien senti, et de Hartmann, dans *la Philosophie de l'inconscient*, dit: « L'intervention de l'Inconscient est tout à fait subordonnée à l'intérêt qu'on ressent au fond pour l'objet, au besoin profond qui domine l'esprit et le cœur, en un mot il importe assez peu que la conscience soit fortement occupée dans le moment par la pensée de l'objet, si l'âme s'en est déjà occupée longtemps et sérieusement. Mais l'intérêt de l'esprit et le besoin du cœur, lorsqu'ils sont profonds, doivent être considérés comme l'expression d'une volonté essentiellement inconsciente ou du moins en très grande partie soustraite à la conscience. En tout cas, ils ne sont pas moins efficaces que l'application présente de la pensée à l'objet, pour provoquer et décider à l'action la volonté inconsciente. Disons encore que l'inspiration est d'autant plus prompte que l'intérêt ressenti par l'âme est plus profond et se répand des surfaces éclairées de la conscience dans les sombres profondeurs du cœur, c'est-à-dire dans l'Inconscient. »

L'autre travailleur, au contraire, arrache de son cerveau l'idée de son travail aussi facilement qu'un cultivateur arrache sa bêche de la terre. Ainsi, il peut mener de front plusieurs travaux; il se repose de l'un par l'autre.

Cela paraît avoir été la manière de travailler de Renan, si l'on en croit les conseils qu'il donne à ce sujet: ça a été aussi celle de Broca (1) et celle de Gœthe. Ce dernier, en effet, toute sa vie, laissa sur le chantier des œuvres non terminées, qu'il achevait enfin après les avoir abandonnées plusieurs fois. *Faust* fut ainsi abandonné et repris à de longues années d'intervalle. Voici, d'ailleurs, ce que Gœthe écrivait quelques jours avant sa mort : « Toute faculté d'agir et par conséquent tout talent implique *une force instinctive agissant dans l'inconscience* et dans l'ignorance des règles dont le principe est pourtant en elles. Plus tôt un homme s'instruit, plus tôt il apprend qu'il y a un métier, un art qui va lui fournir les moyens d'atteindre au développement régulier de ses facultés naturelles, et plus cet homme est heureux. Ce qui lui vient du dehors, ce qu'il acquiert ne saurait jamais nuire en quoi que ce soit à son individualité originelle. Le génie par excellence est celui qui s'assimile tout, qui sait tout s'approprier sans préjudice pour son caractère inné. Ici se présentent les divers rapports entre la conscience et l'inconscience. Les organes de l'homme, par un travail d'exercice, d'apprentissage, de réflexion persistante et continue, par les résultats obtenus, heureux ou malheureux, par les mouvements d'ap-

(1) Communication orale de M. Pitres.

pel et de résistance, ces organes amalgament, combinent inconsciemment ce qui est instinct et ce qui est acquis, et de cet amalgame, de cette combinaison, de cette chimie à la fois inconsciente et consciente, il résulte finalement un ensemble harmonieux dont le monde s'émerveille. Voici tantôt plus de soixante ans que la conception de *Faust* m'est venue en pleine jeunesse, parfaitement nette, distincte, toutes les scènes se déroulant devant mes yeux dans leur ordre de succession; le plan, depuis ce jour ne m'a pas quitté, et vivant avec cette idée, je la reprenais en détail et j'en composais tour à tour les morceaux qui dans le moment m'intéressaient davantage; de telle sorte que quand cet intérêt m'a fait défaut il en est résulté des lacunes, comme dans la seconde partie. La difficulté était là d'obtenir par force de volonté ce qui ne s'obtient, à vrai dire, que par acte spontané de la nature [1] ».

Voilà qui dira mieux que nous n'aurions pu le dire, ce qui se passait en cet esprit puissant et voilà aussi, il nous semble, prouvée la légitimité de notre thèse.

Dans le cas de Gœthe, le subconscient, nous le voyons, existe, mais c'est un subconscient à longue échéance et dont les résultats n'apparaissent pour ainsi dire qu'au moment de la production.

Mais il y a encore une distinction à faire entre les travailleurs de l'esprit, distinction qu'on prévoit aisément et qui se vérifie avec facilité.

Il y a les intellectuels d'imagination pure, qui, à l'état normal, pensent un peu par images visuelles et chez qui, naturellement, les images s'objectiveront fréquemment dans les rêves, amplifiées et combinées par l'exercice fréquent de l'imagination ; en un mot, la subconscience revêtira chez eux une forme le plus souvent imagée qui s'imposera à leur attention.

Au contraire, chez les intellectuels, à qui sont surtout

_____

[1] Lettre à Guillaume de Humbold, 17 mars 1832.

familières l'abstraction, et l'observation des faits exacts, la subconscience, dénuée pour ainsi dire de formes objectives ne retentira pas sur les rêves, et vivra une vie obscure, souvent cachée même à celui qui en profite.

Au cours de notre enquête auprès des intellectuels supérieurs au sujet des phénomènes de subconscience nocturne qu'ils auraient pu présenter, sur 43 réponses reçues, nous en avons enregistré 11 absolument négatives. Elles émanent de 6 médecins, de 2 peintres, de 1 musicien, de 1 poète et de 1 romancier. Cette observation, par elle-même, n'a évidemment aucune valeur, mais elle en acquiert une notable si l'on sait que nous avons eu en tout 8 réponses de médecins, tandis que les 35 autres proviennent soit d'artistes, soit de littérateurs.

Enfin quelle est la nature de ces phénomènes de subconscience dont nous nous occupons ? Si une définition marque leurs limites et leurs relations vis-à-vis du moi conscient, elle ne détermine nullement leur nature. Cette nature est essentiellement variée.

La vie psychologique est un équilibre, et si ce subconscient, comme nous l'avons vu, existe à l'état normal, il n'existe que dans des proportions incapables de détruire cet équilibre. Pour l'étudier à un plus haut degré, il est nécessaire de l'étudier à l'état pathologique. En effet, « il faut admettre pour le moral ce grand principe admis pour le physique, depuis Claude Bernard, c'est que les lois de la maladie sont les mêmes que celles de la santé, et qu'il n'y a dans celle-là que l'exagération ou la diminution de certains phénomènes qui se trouvaient déjà dans celle-ci. Si l'on connaissait bien les maladies mentales, il serait plus facile d'étudier la psychologie normale; d'ailleurs, à un autre point de vue « l'homme n'est connu qu'à moitié s'il n'est observé que dans l'état sain; l'état de maladie fait aussi bien partie de son existence morale que de son existence physique [1] ».

(1) JANET, Automatisme psychologique, p. 6.

Notre but cependant ne sera point de rechercher si tels ordres de phénomènes sont normaux et tels autres pathologiques; la barrière n'est qu'idéale, et plus d'un psychologue l'a déjà trop aventureusement plantée dans le champ mental pour que notre jeunesse s'y hasarde. Cela d'ailleurs réclamerait en général une observation autre que celle des livres, et également difficile par correspondance. Nous avons voulu assembler et tenter de classer des faits susceptibles de servir à un observateur plus informé, ou à nous-même plus tard; et dans le cours de notre travail, si nous nous permettons quelques considérations générales, quelque hypothèse, c'est que nous serons attiré par une analogie trop évidente, ou déterminé par un grand nombre de faits semblables qui nous autoriseront à esquisser une explication.

————

Voici le plan que nous suivrons dans notre travail. Nous étudierons :

1° Les phénomènes de subconscience les plus ordinaires, maturation d'idées, etc. ;

2° Le subconscient objectivé :

a) pendant l'état hypnagogique sous la forme d'hallucinations hypnagogiques;

b) Pendant le sommeil sous la forme de rêve proprement dit ;

c) Pendant le sommeil, mais empiétant sur la veille ou dans des états spéciaux de la veille analogues au rêve, tels que l'extase, la méditation profonde, sous la forme d'hallucination ;

3° Le subconscient interrompant la veille ou se mêlant à la veille, et nous étudierons dans ce dernier chapitre le somnambulisme à l'état de veille, l'inspiration, et certaines modifications de l'état mental observées dans l'agonie.

CHAPITRE PREMIER

SUBCONSCIENT PHYSIOLOGIQUE

Maturation d'idées ayant occupé la conscience à un moment donné — généralement nocturne.

SUBCONSCIENT PHYSIOLOGIQUE

———

Dans notre introduction, nous avons développé les caractères de ce phénomène. Il est fréquemment observable. Il nous reste à rechercher sa trace dans les travaux de l'esprit, d'après les révélations de leurs auteurs.

Walter Scott dit que maintes fois il s'est couché, après avoir cherché vainement un passage, une idée, et que le lendemain, le passage et l'idée se présentaient à son réveil (¹).

Schopenhauer connaissait bien ce phénomène qu'il appelait la *rumination inconsciente.*

De Hartmann qui a basé toute une philosophie sur l'Inconscient, dit de lui même: « Cela (le travail inconscient) m'arrive régulièrement quand j'ai lu un livre qui contredit par des idées essentiellement nouvelles mes opinions antérieures. Les preuves de ces idées originales sont souvent assez faibles : elles seraient d'ailleurs solides et en apparence irréfutables, que personne ne se laisse aisément détourner de ses vieilles convictions. On trouve toujours de bonnes raisons pour défendre ces dernières, et si l'on n'en découvre pas, on se défie de soi et du nouvel auteur, et l'on se persuade que d'autres trouveront la réfutation que l'on ne sait faire soi-même. Sur cette assurance on passe à d'autres occupations; la chose ne paraît pas assez importante

●

(¹) BRIERRE DE BOISMONT, Hallucinations, p. 257.

pour qu'on se fatigue à chercher des objections, il faudrait souvent fouiller dans les livres pendant des semaines, des mois entiers. En un mot, la première impression va s'affaiblissant de plus en plus et toute l'affaire s'oublie avec le temps. Mais il arrive que la chose se passe autrement. Les idées nouvelles ont profondément troublé les convictions auxquelles on s'intéresse.

» On peut bien ne pas accepter provisoirement ces nouveautés. On en confie le souvenir à la mémoire comme de questions pendantes; ou bien une autre occupation nous empêche d'y réfléchir, ou mieux encore, on forme la résolution de n'y plus penser. Malgré tout cela, la question n'est étouffée qu'en apparence. Après des jours, des semaines ou des mois, si l'on a envie ou l'occasion d'exprimer son opinion sur le même sujet, on découvre, à son grand étonnement, qu'on a subi une véritable révolution mentale, que les anciennes opinions, dont on se considérait jusque-là comme réellement convaincu, ont été complètement abandonnées, et que les idées nouvelles se sont tout à fait implantées à leur place. Ce processus inconscient de digestion ou d'assimilation mentale, j'en ai souvent fait sur moi-même l'expérience; et d'instinct, je me suis toujours gardé d'en troubler le cours par une réflexion prématurée, toutes les fois qu'il se produisait en moi, à propos de questions importantes, qui intéressaient mes conceptions sur le monde et sur l'esprit (1) ».

Michelet, dit de Fleury, avait l'habitude de ne se coucher qu'après s'être occupé, au moins un instant, des documents ou des sujets qui devaient faire l'objet de ses études du lendemain. Il comptait sur le travail de la nuit, rêve ou automatisme, pour mûrir les concepts ainsi déposés dans sa conscience. Et s'il le faisait chaque soir, il y a lieu de croire que cela lui réussissait (2).

(1) DE HARTMANN, Philosophie de l'Inconscient, t. II.
(2) DE FLEURY, Médecine de l'Esprit.

Maudsley parle d'un géomètre qui, après avoir vainement cherché la solution d'un problème, fut effrayé de la voir apparaître subitement sous la forme d'une figure géométrique, alors que depuis plus de deux ans il n'y songeait plus [1].

Alfred de Vigny dit dans son journal : « J'ai dans la tête une ligne droite. Une fois que j'ai lancé sur ce chemin de fer une idée quelconque, elle le suit jusqu'au bout malgré moi. Et pendant que j'agis et parle. »

« Au lieu de m'obstiner, dit Arago, à comprendre du premier coup les propositions qui se présentaient à moi, j'admettais provisoirement leur vérité, je passais outre, et j'étais tout surpris, le lendemain, de comprendre parfaitement ce qui la veille me paraissait entouré de nuages épais [2] ».

Condillac a aussi raconté « que dans les temps qu'il rédigeait son cours d'études, s'il se voyait obligé de quitter, pour se livrer au sommeil, un travail préparé, mais incomplet, il lui est arrivé souvent de trouver à son réveil ce travail achevé dans son esprit [3] ».

Et plus près de nous, M. Sully-Prudhomme nous écrit aussi : « J'ai éprouvé très nettement l'effet subconscient suivant : Il m'est arrivé de comprendre, *sans faire intervenir la réflexion ni à aucun titre la volonté*, une démonstration géométrique qui m'avait été faite l'année précédente. Il me semblait que la seule maturation spontanée des concepts déposés dans mon cerveau par le professeur avait déterminé en moi l'intelligence de la démonstration. »

Un poète, M. Retté, nous dit : « Lorsque je fais des vers,

---

[1] Edmond COLSENET, Etudes sur la Vie Inconsciente de l'Esprit. Librairie Germer Baillière, 188, p. 100.
[2] ARAGO, Notices biographiques, p. 5.
[3] Rapporté par Max SIMON, Le Monde des Rêves.

j'ai coutume de m'arrêter même au milieu d'une strophe, lorsque je sens la fatigue cérébrale. Alors, je sors, je m'occupe d'autre chose, ou si c'est le soir, je me couche sans *avoir la conscience* de continuer à penser à mes vers. Très souvent, sans avoir gardé le souvenir d'aucun rêve, au réveil le lendemain matin, je pense à mes vers et *brusquement* je trouve la strophe faite, et bien faite, je n'ai plus qu'à l'écrire. Il me paraît évident, par cet exemple, que le travail cérébral s'est continué en moi sans que je m'en aperçoive. »

Et M. Vincent d'Indy : « A cette question : « Y a-t-il eu germes d'idées musicales en rêve ? » ; je ne puis pas répondre de façon catégorique, ne pouvant arguer que d'hypothèses et non de certitudes ; mais il m'est arrivé, non pas une fois, mais souvent, d'éprouver le phénomène suivant : après avoir cherché quelquefois pendant des journées entières soit le complément d'une idée (phrase) musicale, soit la bâtisse architecturale d'une œuvre de musique, je me suis endormi en pensant d'une façon très intense au problème à résoudre et le matin, au réveil, j'avais la claire, mais souvent *fugitive vision* de la solution si longtemps cherchée, il fallait alors concentrer toutes mes facultés pour arriver à *réaliser* cette vision, mais fréquemment des idées me sont venues ainsi, et ce ne sont pas les plus mauvaises que j'ai écrites. Dans ces circonstances je n'ai jamais pu me rappeler si j'avais rêvé la nuit. »

De même, M. Richet nous écrit : « Très rarement, ou pour mieux dire jamais, les rêves ne m'ont servi, à ma connaissance du moins, mais je crois bien que souvent, à mon insu, ils ont pu diriger ma conduite. »

En effet, et ces deux cas le prouvent, il y a deux manières d'envisager le phénomène. Nous verrons par la suite que souvent les idées subconscientes s'objectivent en rêve, et au

réveil, ce que l'on a, c'est le souvenir du rêve, et non pas l'intelligence immédiate du problème poursuivi. Le rêve
existe-t-il toujours, et cette intelligence immédiate n'est-elle
que l'aperception fuyante d'une idée vue en un rêve qu'on ne
peut se rappeler? Il est difficile de trancher la question faute
d'observations, cependant nous savons que les rêves qui ont
un effet le plus intense sur l'organisme, qui vous font parler,
gesticuler et vous lever, sont ceux dont on se souvient le
moins, et par conséquent, il n'est pas absurde de penser que
beaucoup de faits de subconscience, où les notions semblent
éclore comme par miracle dans le champ de la conscience,
au réveil, ne sont que les traces d'un rêve dont on ne se souvient pas.

Voici un cas qui semblerait faire croire que cette hypothèse est vraie.

Le Dr M... nous racontait le fait suivant : Un soir, ayant à
rédiger une lettre d'ordre tout à fait intime, fort délicate, il
essaya de la formuler sur le papier, mais en vain. La nuit
qui suivit, il fit un rêve et vit la lettre écrite, et écrite d'une
façon qui le satisfaisait pleinement. Le lendemain, au réveil,
il se rémémora son rêve, et transcrivit la lettre lue pendant
le sommeil.

Voici donc un cas tout à fait analogue à ceux précédemment cités, si l'on supprime la mémoire du rêve, en tant que
rêve. Un effort infructueux, le soir, amène la réalisation
d'un travail le lendemain matin. Dans tous les cas, il y a
vraisemblablement rêve, qui persiste comme résultat et non
comme fait de mémoire, c'est-à-dire susceptible de localisa-
tion.

Maintenant si on nous demande pourquoi nous avons
pour ces phénomènes fait un chapitre à part, puisque
nous traitons plus loin des rêves, nous répondrons qu'il y a
deux raisons : 1° c'est qu'il est impossible, malgré la vrai-

semblance de notre hypothèse, dans l'état actuel de nos connaissances, et pour un grand nombre de cas, d'affirmer qu'il
y a eu rêve ; 2º c'est que ces phénomènes, qui ont le même
type, méritent d'être rapprochés et mis ensemble en
lumière.

CHAPITRE II

―――――

PHÉNOMÈNES ONIRIQUES

―――――

Subconscient le plus souvent nocturne.

1º *Hallucinations hypnagogiques ;*
2º *Rêve proprement dit ;*
3º *Hallucination.*

HALLUCINATIONS HYPNAGOGIQUES

L'état intermédiaire à la veille et au sommeil, soit que l'on s'endorme, soit que l'on se réveille, a été depuis longtemps à juste titre considéré comme favorable à la production d'hallucinations spéciales qu'on a appellées *hallucinations hypnagogiques*. Muller, Burdach, Baillarger et en dernier lieu Maury, dans son ouvrage intitulé « le Sommeil et les Rêves », en ont fait l'objet d'intéressantes études.

Ces hallucinations hypnagogiques surviennent, nous venons de le dire, au moment où le sommeil nous gagne ou nous abandonne ; c'est aussi le moment où l'esprit conscient se désagrège en quelque sorte. Ce moment, en effet, est caractérisé par le relâchement de l'attention ; ce relâchement de l'attention est pour ainsi dire l'occasion qu'attend le subconscient pour entrer en scène et occuper l'esprit de ses images fantastiques. Les hallucinations hypnagogiques peuvent affecter tous les sens, absolument comme dans le rêve, dont elles ne sont, selon l'expression de Maury, que l'*embryogénie* (¹). Des images mouvantes qui se succèdent rapidement en forment le fond. Ces images ont la vivacité des figures et des objets réels. On peut entendre aussi des sons, des voix, des paroles inarticulées. Ces hallucinations sont bien des manifestations objectivées du subconscient, tirées de cette mémoire subconsciente que nous savons plus étendue que la mémoire latente ; en voici un exemple dû à M. Maury :

(¹) Maury, Le Sommeil et les Rêves.

« J'avais, il y a dix-huit ans, passé la soirée chez le peintre Paul Delaroche, et y avais entendu de gracieuses improvisations sur le piano, d'un habile compositeur, M. Ambroise Thomas. Rentré chez moi, je me couchai et demeurai longtemps sans pouvoir m'endormir; à la fin, le sommeil me gagne, je clos les paupières et voilà que j'entends, comme dans le lointain, plusieurs des jolis passages qu'avait exécutés les doigts brillants de M. Ambroise Thomas. Notez que je ne suis pas musicien et ai la mémoire musicale peu développée. *Je n'eusse certainement pas pu me rappeler à l'état de veille de si longs morceaux* (¹) ».

Voici d'autres exemples d'hallucinations hypnagogiques. « Sous l'empire d'une faim due à une diète que je m'étais imposée pour raison de santé, je vis, dans l'état intermédiaire à la veille et au sommeil, une assiette et un mets qu'y prenait une main armée d'une fourchette. »

« Un des jours de février 1862, j'éprouvais des tiraillements d'estomac avec une saveur aigre dans la bouche. Quelques instants après, je m'asseois sur mon fauteuil, et je tombe dans une torpeur, avant-coureur du sommeil. Je vis alors dans une hallucination hypnagogique, un plat couvert d'un ragoût à la moutarde d'où s'exhalait une odeur qui me rappela la sensation gustative éprouvée par moi peu auparavant (²) ».

« Un soir, les mots *géométrie analytique à trois dimensions* s'offrirent soudain à mon imagination. Déjà, depuis quelques jours, cette même phrase me revenait sans cesse et machinalement. M'étant ensuite endormi je rêvai que je faisais des mathématiques et je répétais dans ce songe les mêmes mots, *géométrie analytique à trois dimensions* . »

« Je me souviens encore qu'étant à Florence, je vis, peu de

(¹) MAURY, Le Sommeil et les Rêves, p. 69.
(²) MAURY, Le Sommeil et les Rêves.

temps avant de m'endormir, un tableau de Michel-Ange, qui m'avait frappé aux Loges, et je le revis ensuite en rêve. Une autre fois, à Paris, je reconnus en rêve deux figures bizarres de chasseurs à cheval qui m'étaient apparues dans mes hallucinations (1) ».

Il faut savoir aussi que ces hallucinations peuvent se produire non-seulement au moment de l'invasion du sommeil, mais, si le système nerveux est très surexcité, dèsqu'on ferme les yeux ou même dans une chambre obscure.

Les observations que je vais citer rentrent dans cette catégorie.

« Le célèbre naturaliste Lelorgne de Savigny en était constamment inquiété, quand il faisait nuit. »

Ce sont toujours des hallucinations hypnagogiques comme il est prouvé par des cas mixtes où les hallucinations, d'abord éprouvées au moment du relâchement de l'attention, réveillent pour ainsi dire la conscience, qui peut alors les contempler et les fixer ; les hallucinations ont la même nature, la même signification mais sont moins fugitives, tel est le cas de M. M..., cité par Maury.

Voici d'autres cas :

« Une femme de lettres, Mme B..., en proie depuis de longues années à un état cruel de névropathie, éprouve très souvent des hallucinations de la vue, la nuit, sans être nullement endormie, hallucinations qu'elle estime à leur juste valeur, qu'elle regarde comme un jeu bizarre de son imagination ardente. Or, cette dame avait trouvé un moyen de mettre un terme à l'importunité que lui causaient ces phénomènes, c'était celui d'avoir toujours, la nuit, à ses côtés, une lampe allumée.

» J'étais éblouie, dit l'amie de Gœthe, j'avais en moi un monde intérieur, dans lequel des facultés mystérieuses et des sens à part me permettaient de vivre. Sitôt que je fer-

(1) MAURY, Le Sommeil et les Rêves.

mais les yeux, je voyais distinctement de grandes apparitions. Je voyais le globe du ciel; il était d'une grandeur immense, et tournait devant moi : je n'embrassais pas ses limites, et pourtant j'avais le pressentiment de sa forme ronde. L'armée des étoiles passait devant moi sur un fond obscur; les astres formaient des danses que je comprenais en esprit, puis il s'élevait des monuments ornés de colonnes et de statues, et les astres passaient derrière eux et allaient descendre dans une mer de couleurs; des fleurs s'épanouissaient, elles s'élançaient dans les airs; des ombres lointaines et dorées les préservaient d'une lumière blanche qui tombait d'en haut, et les apparitions se succédaient dans ce monde. Un bruit fin et argentin venait frapper mes oreilles; peu à peu ce bruit devenait un son et plus je l'écoutais, plus il grandissait; j'étais heureuse car il m'inspirait de la force. Quand *j'ouvrais les yeux*, les visions s'évanouissaient; tout était calme et je n'éprouvais aucun trouble; seulement, je ne pouvais plus distinguer ce qu'on appelle le monde réel, dans lequel les hommes prétendent vivre, du monde des rêves et de l'imagination; je ne savais plus dans lequel des deux on veillait, dans lequel on dormait; je finis par croire de plus en plus que je rêvais dans la vie ordinaire: aujourd'hui même je ne saurais me prononcer à cet égard (1) ».

Tolstoï, dans ses « Souvenirs », dit : « Je tirai le couvre-pieds par-dessus ma tête, m'enroulant de façon à ne pas laisser une seule ouverture et me recouchai. Je sentis une chaleur agréable et je me perdis dans des rêves et des souvenirs délicieux. Mes yeux regardaient fixement la doublure du couvre-pieds piqué et je *la* voyais aussi nettement qu'une heure auparavant. Je causais en pensée avec elle et cette conversation, entièrement dépourvue de sens, du reste, me procurait des jouissances indescriptibles, parce que les *tu* et les *toi* y fourmillaient.

(1) Michéa, Du Délire des Sensations, p. 157.

» Ces rêves étaient *si nets* que le plaisir et l'émotion *m'em-*
pêchaient de dormir, etc., etc. (1) ».

M. Roll nous écrit : « La seule chose intéressante que je
puis vous dire au sujet de mon être psychologique en face
du sommeil est celle-ci : très souvent, au moment où je vais
m'endormir, alors que mes yeux sont fermés, alors que la
nuit est complète, il se forme des images devant mes yeux,
le plus souvent des têtes. Je les vois nettement, je pourrais les
copier comme on copie la tête d'une personne qui pose pour
un portrait. Ces images peu à peu changent, se déplacent ;
j'ouvre les yeux, puis si je les referme, je vois autre chose,
rien de préconçu ou de prévu. Je vois alors comme malgré
moi toutes sortes de choses singulières et absolument vivantes, formulées, grouillantes, quelquefois belles, souvent difformes. Elles m'obsèdent et j'ai alors peine à les chasser
pour trouver enfin le repos.

» Je poursuis une idée alors que je suis couché mais *pas*
complètement endormi, et souvent je me lève, j'allume et
prends une note sur un album de poche, pour me souvenir
le lendemain de ce que je crois être enfin la composition
cherchée.

» En somme je ne crois pas que le rêve apporte aux peintres
quoi que ce soit d'utile à leurs travaux. C'est la Nature obser-
vée, étudiée, objective, concrète qui à un moment les laisse
pénétrer jusqu'aux mystérieuses choses. En regardant bien
et longuement, ils voient l'âme, et s'ils ne rêvent pas, ils
pourraient dire bien souvent quels sont les rêves des
personnes dont ils ont étudié le masque et les gestes. »

Un homme de lettres bien connu nous écrit aussi : « Dans
la première enfance, j'ai vu défiler devant mon petit lit des
personnages grotesques avec une telle netteté que j'ai pu
reconnaître depuis l'origine de ces représentations. C'était

(1) Tolstoï, Souvenirs, 1887. Traduit par Arvède Barine, p. 77.

des figures de Callot, que je voyais dans la journée, chez
Mme Letort, marchande de gravures, ma voisine. »

Voici un autre passage de la lettre de M. Retté : « Lorsque
je dors sans insomnies c'est vers le matin que je rêve. Alors
il m'arrive de *me réveiller à demi*, d'entr'ouvrir les yeux et
de voir, pendant quelques instants, flotter devant moi
comme dans du brouillard, l'image des choses ou des êtres
auxquels je rêvais. Puis je me réveille un peu plus et si le
rêve est resté inachevé, je le complète comme si j'inventais
une histoire à raconter. J'ai alors une sorte de lucidité
bizarre, ces idées s'associent rapidement en moi et *luisent*
pour ainsi dire avec une intensité que j'éprouve rarement à
l'état de veille complète. »

Un de nos amis, M. Maurice (Magre) poète, nous a donné
l'observation suivante : « Une fois ma lampe éteinte, avant
de m'endormir, je voyais, dit-il, les êtres de mes pensées avec
une curieuse réalité, c'est toujours la nuit, dans ma chambre
confusément éclairée par la lumière de la rue. Ainsi une fois
un de mes amis prit forme, accoudé sur la cheminée, le béret
sur les yeux, dans une pose familière, puis d'autres physio-
nomies très nettes, se découpant comme des silhouettes, têtes
de vieilllards avec de grandes barbes, etc., tout cela sans
lien aucun. »

Le régime n'avait eu ces jours-là rien de particulier. Nous
devons ajouter que notre ami use du café à doses parfois
assez considérables ; à certaines périodes il a bu jusqu'à six
tasses de café noir très fort par jour.

Une autre fois, il nous écrivit : « J'ai eu une vision analogue à celles que je t'avais décrites. Je ne pensais à rien et
venais de souffler ma lampe; brusquement mes yeux ont été
frappés par la vue étrange et inattendue d'un cortège. Et très
distinctement ont défilé devant moi des juges, des gens nus,
des danseurs, et des personnages que je me rappelle avoir vus
dans des images et dans des tableaux. Ils sont passés à peine
quelques secondes. »

LES RÊVES

Nous avons vu la subconscience jouer son rôle pour ainsi dire physiologique, en mûrissant des concepts sans le secours de la conscience; nous l'avons vue se manifester en images hallucinatoires de toute sorte dans la période hypnagogique. Maintenant nous allons étudier sa manifestation dans le sommeil, c'est-à-dire : le rêve.

M. Charles Laurent, dont nous avons consulté avec beaucoup de fruit la thèse sur « les États seconds », développe avec de nombreux faits à l'appui l'idée que le sommeil naturel est un véritable état second, en tout semblable aux états créés par la maladie ou l'hypnose, état second qui crée chez l'individu « une sous-conscience, une personnalité distincte de la personnalité consciente ». Une preuve que le rêve est bien une manifestation de cette sous-conscience se trouve dans ce fait relaté dans la thèse de M. Ch. Laurent : « M. Richet se demande comment, dans la suggestion à longue échéance, une idée peut dormir inconsciemment dans la mémoire d'un sujet et se réveiller à un moment donné sans que dans l'intervalle aucune excitation, aucune allusion à cette idée ne puisse la réveiller chez le sujet ». L'explication s'en trouve dans cette observation de M. Bernheim, qu'étant donnée une suggestion à longue échéance il est toujours facile, en hypnotisant le sujet, d'en réveiller le souvenir, et aussi que, si on lui demande s'il n'a jamais songé à l'action à accomplir depuis le jour de la suggestion, il répond qu'il y a songé plusieurs fois la nuit en rêve (¹) ».

M. Tissié, dans la comparaison qu'il fait des divers sommeils, à la fin de son livre sur « les Rêves », pour établir le rapport intime entre ces états, s'appuie également sur ce rappel de mémoire.

« Ainsi le rapport intime entre les trois états de sommeil, physiologique, somnambulique et hypnotique, existe pour les organes sensoriels, dans les hallucinations psycho-sensorielles, dans le dédoublement de la personnalité, dans l'auto-suggestion et dans la suggestion, enfin *et surtout dans le rappel des mémoires* (²) ».

M. Janet dit aussi : « Il est certain que chez les hommes bien portants cette tendance à la formation d'une mémoire et d'une personnalité secondaire dans le songe reste rudimentaire.

» L'attention est impossible, la volonté et le jugement sont presque toujours absents ; c'est aussi bien une pensée en état de désagrégation qu'une personnalité en voie de formation (³) ».

C'est, en effet, une personnalité en voie de formation ; les rêves suivants, périodiques, ou repris dans la même nuit, en sont une preuve.

Voici l'observation de M. Janet lui-même qui semble posséder une personnalité de rêve se prolongeant dans la veille, même pendant le travail : « Très souvent pendant la veille, même pendant que je travaille, *je me raconte une histoire* qui se déroule lentement, toujours la même pendant un certain temps. Souvent, si je ne me trompe, je rêve avec précision à ce qui n'était qu'une rêverie vague pendant la journée. Au contraire, et ce point me parait net, je ne crois pas que je rêve à mes travaux sérieux et je ne crois avoir

---

\ (¹) Ch. LAURENT, Des États seconds (Thèse de Bordeaux, 1892).

(²) Ph. TISSIÉ, Des Rêves, physiologie et pathologie, p. 200.

(³) JANET, Automatisme psychologique.

jamais tiré parti d'un rêve. Le rêve continue la rêverie et non le travail. »

Dans ses mémoires, le poète Henri Heine nous donne une observation de ce genre : « Mon grand-oncle et les traditions de famille qui le concernent ont extraordinairement occupé mon imagination d'enfant. Tout ce qu'on racontait de lui laissait une impression ineffaçable sur ma jeune âme, je me plongeai si profondément dans ses aventures et ses destinées vagabondes, ma fantaisie junévile s'attachait tellement à lui jour et nuit, que je vivais tout entier en lui ; parfois, en plein jour et en plein soleil, un trouble, une inquiétude s'emparait de moi, il me semblait que j'étais moi-même feu mon grand-oncle et que ma vie ne faisait que continuer celle de ce personnage mort depuis longtemps.

» Pendant la nuit cette vie se reflétait dans mes rêves. Dans ces rêves, je m'identifiais complètement avec mon grand-oncle, je sentais avec effroi que j'étais un autre et que j'appartenais à un autre temps. Je me trouvais transporté dans des contrées que je n'avais jamais vues auparavant, dans des situations et des circonstances dont je n'avais jamais jusque-là eu la moindre idée et pourtant je parcourais ce monde nouveau sans une hésitation et sans un faux pas.

» J'y rencontrais des hommes à la mine rude et hasardeuse, revêtus de costumes étranges, barbares, aux couleurs flamboyantes, qui m'inspiraient une vieille affection ou une haine invétérée, et auxquels je serrais pourtant les mains comme à d'anciennes connaissances. Leur langue résonnait à mon oreille comme une langue étrangère que je n'avais jamais entendue, et je la comprenais : bien plus, à mon propre étonnement je leur répondais dans la même langue, je gesticulais avec une vivacité qui ne m'a jamais été habituelle ; je disais même des choses dont auparavant je n'avais aucune idée et qui contrastaient d'une façon fâcheuse avec ma manière coutumière de penser.

» Je finis par recouvrer l'unité de conscience, mais mon

âme ne garda pas moins des traces secrètes et durables de cet état de rêve qui se prolongea une année environ. Il a dans la suite exercé sur mes aspirations et sur mes poésies une influence décisive. Quand je commets une sottise, dont l'origine me semble inexplicable, je la mets volontiers sur le compte de mon autre moi. »

Et plus loin en parlant de son père mort : « Depuis ce temps il ne s'est pas écoulé de nuit où je n'ai songé à mon père défunt, et quand je m'éveille le matin, je crois souvent encore entendre le son de sa voix comme l'écho d'un songe (¹) ».

M. Sully-Prudhomme nous écrit : « Ce que ce rêve a de remarquable, c'est qu'il a été interrompu par un court réveil, puis continué dans un sommeil nouveau. »

M. Richepin : « Plusieurs de mes rêves sont périodiques ».

Et M. Retté : « J'ai eu pendant toute mon enfance et jusqu'à l'âge de vingt ans environ un rêve qui revenait tous les quinze jours. »

Et M. André Theuriet : « Je me rappelle certains rêves qui me reviennent à des époques irrégulières. »

Et M. Paul Adam : « Chaque nuit, ou à peu près chaque nuit, je me retrouve dans un décor identique, pour y accomplir une action pareille : je prends le train, j'arrive dans une grande gare, je suis un boulevard bordé de boutiques et de cafés, j'atteins une prairie marécageuse où je chasse ; je reviens jusqu'un jardin public où je cherche les miens qui doivent être assis sur les chaises entourant le kiosque de la musique militaire, ou le bassin que les cygnes habitent. A ce moment l'éveil.... Depuis des années ce rêve se perpétue. »

Le rêve est l'état type de la subconscience autour duquel

(¹) Mémoires de H. Heine, Trad. Bourdeau, 1881, p. 81.

évoluent tous les autres, depuis la cérébration subconsciente
à la participation de laquelle nous l'avons vu assister souvent, si ce n'est toujours, jusqu'à l'hallucination onirique
qui est le rêve éveillé, en passant par l'hallucination hypnagogique qui n'est, nous l'avons vu, que l'embryogénie du
rêve.

Mais ses modalités sont sans nombre. La loi qui les régit
est l'irrégularité.

Depuis un embryon de pensée jusqu'aux découvertes les
plus passionnantes, sans oublier les plus folles images d'une
imagination déréglée, le rêve comprend tout. Il est toutes les
mystérieuses orgies du Sabbat, toutes les béatifiques visions
du Paradis. Il continue les travaux, remâche les préoccupations du dormeur, retourne vers son passé, qu'il déforme
capricieusement, ou s'évade vers son avenir.

Une classification de ce chaos est difficile pour ne pas dire
impossible. Nous diviserons cependant les rêves en trois
grandes classes.

a) *Une première classe* comprendra les rêves provoqués
par des excitations venues de nos organes internes, qui sont
surtout fréquents dans le cas de maladies de ces organes.

Nous laisserons de côté cette première classe de rêves qui
par leur nature même n'offrent rien de particulier pour nos
recherches.

b) *Une deuxième classe* comprendra les rêves dus à
l'excitation des sens ou à une modification de la sensibilité
générale.

Nous ne nous appesantirons guère non plus sur cette
seconde classe, non point à cause de son manque d'intérêt,
mais parce que les observations en sont plus rares et plus
difficiles à faire précises.

Il serait certes très intéressant d'instituer des expériences
conçues par exemple dans ce sens :

Etant donnée une personne endormie et la même excitation, à différentes périodes du sommeil, savoir les rêves
produits :

On pourrait aussi faire varier les excitations et augmenter le nombre des sujets en expérience, et comparer les résultats acquis.

Une telle expérimentation, pour difficile qu'elle soit à réaliser, rendrait plus intéressante l'étude de cette classe de rêves. Elle n'est pas absurde *a priori*. Ces deux faits cités par Max Simon dans le *Monde des Rêves* semblent le prouver :

« Radow a raconté que pendant une nuit orageuse, presque tous les hôtes d'une auberge rêvèrent qu'il était entré des voitures et arrivé des étrangers dans la maison. Burdach, qui rapporte le fait, ajoute qu'étant lui-même dans une hôtellerie, il rêva, pendant un orage nocturne, qu'il parcourait, au milieu d'une nuit profonde, une route escarpée et bordée de précipices. Son compagnon de voyage fit le même rêve et se figura, en outre, que le postillon avait abandonné ses voyageurs (¹) ».

Quant aux rêves de la sensibilité générale, en voici quelques exemples bien typiques. Brillat-Savarin a décrit une sensation très agréable qu'il dit avoir éprouvée en dormant : « Il y a peu de mois, dit cet auteur, que j'éprouvai en dormant une sensation de plaisir tout à fait extraordinaire. Elle consistait en une sorte de frémissement délicieux de toutes les parties qui composent mon être, c'était une espèce de fourmillement plein de charme qui, partant de l'épiderme depuis les pieds jusqu'à la tête, m'agitait jusque dans la moelle des os. Il me semblait avoir une flamme violette qui se jouait autour de mon front.

Lambere flamma comas et circum tempora pasci

» J'estime que cet état, que je sentis bien physiquement, dura au moins trente secondes, et je me réveillai rempli d'un étonnement qui n'était pas sans frayeur (²) ».

(¹) BURDACH, Traité de physiologie, Trad. Jourdain, Paris, 1837-41.
(²) BRILLAT-SAVARIN, Physiologie du goût.

Voici la description d'un autre de ces rêves due à M. Charles Richet : « Une seule fois, un de mes rêves s'est continué pendant la veille. C'est intéressant parce que c'est la forme typique du *cauchemar* des vieux auteurs. Je me suis réveillé ayant la sensation d'un chat ou d'un animal à fourrure, pressant ma poitrine et me tenant à la gorge. J'ai passé la main, étant réveillé, sur son dos fourré, étendu sur ma poitrine, et je me suis aperçu que c'était un rêve, parce que la fourrure de la bête se prolongeait de manière à être plus longue que celle d'une bête ordinaire. Peu à peu cela s'est dissipé. »

M. Raffaelli nous en donne un autre exemple. La sensation éprouvée est tellement nette qu'elle amène l'idée d'une *réalisation*, à l'état de veille : « Le rêve qui m'est le plus fréquent est celui-ci : je vaincs la nature et par un effort nerveux de tout mon être, comme le font, dit-on, certains fakirs de l'Inde, je m'élève dans les airs. Et ce rêve me donne une telle sensation de vérité qu'à demi-éveillé, je me crois encore planant; ça n'est pas qu'immatériel je quitte la terre, non pas, c'est au contraire dans la pleine possession de ma matière, qui se tend nerveusement, que j'atteins à cet état, qui me donne la possession de l'espace. M'étant réveillé vingt fois dans cet état nerveux, j'ai tellement cru pour un moment être en possession de cette puissance, qu'il m'est arrivé de me lever subitement et d'essayer à l'état de veille la réalisation du phénomène. Je n'ai pas besoin de vous dire que je n'ai jamais pu y parvenir. »

Et encore, Mme Rachilde nous écrit : « Mes rêves les plus agréables étaient de me baigner dans des eaux tièdes et transparentes, et de voler à la surface d'un lac, d'une rivière extrêmement limpide, bordée de cascades superbes et de rivages fleuris. Dans presque tous mes songes, une étonnante sensation d'orgueil règne comme dans les *extensions du moi* du haschich. (J'ai pris du haschich, de l'opium, de l'éther et de la morphine, mais à titre d'essais simplement, je n'ai jamais eu le goût de ces différents paradis artificiels parce que mes rêves, à l'état normal, m'ont toujours paru supérieurs, comme intensité à toutes les autres surexcitations cérébrales.) »

c) *Une troisième classe*, de beaucoup la plus importante pour notre thèse, comprendra tous les rêves qui semblent relever de la seule action cérébrale.

On sentira tout ce que notre classification a d'arbitraire, à cause de la difficulté à savoir l'origine réelle d'un phénomène tel que le songe. Il est rebelle à la classification. L'esprit de celui qui le tente, l'esprit du lecteur en ont besoin, et ce sera la seule excuse de la nôtre.

Dans cette troisième et dernière classe, nous admettrons deux subdivisions :

1° Les rêves-visions ; 2° les rêves-émotions, selon que l'un ou l'autre de ces facteurs dominera.

Puis, nous étudierons les rêves : 1° dans leurs rapports avec les œuvres ; 2° dans leurs rapports avec les auteurs des œuvres.

1° RÊVES-VISIONS. — En voici des exemples. Un des traités de Bernard Palissy, roule, on le sait, sur l'agriculture et plus particulièrement sur l'ordonnance des jardins. C'est avec un bonheur infini qu'il énumère tout ce qu'il croit utile de réunir dans un jardin bien ordonné. Iles, cours d'eau, grottes, cabinet de verdure, etc., sont, dans son livre, l'objet de descriptions tout à la fois naïvement ingénieuses et merveilleusement achevées, et ces imaginations occupaient tellement l'esprit de l'auteur, qu'elles se présentaient dans ses rêves avec des formes vives et animées. « Bien souvent en dormant, dit l'illustre céramiste, il me semblait que j'étais auprès de mon jardin, tellement qu'il m'advint que la semaine passée, que comme j'étais en mon lict endormi, il me semblait que mon jardin estait desja fait en la mesme forme que je l'ay dit ci-dessus et que je commençais desin à manger des fruicts, et me récréer en i celui ». Puis vient la description des diverses plantes, arbustes, légumes et fruits qu'il admire en ce jardin et dont il dépeint les formes variées avec des expressions qui dessinent en quelque sorte leur physionomie, leurs allures, comme il les reproduisaient dans ses chefs-d'œuvre (1).

M. A. Theuriet nous cite les rêves suivants : « J'ai vu en rêve des paysages d'une netteté et d'une coloration étonnantes. Je pourrais parfaitement les décrire encore aujourd'hui. Il m'est arrivé une fois d'utiliser un de mes rêves et d'y trouver le sujet d'un récit publié par le *Journal.* »

Et encore : « Je me rappelle certains rêves spéciaux qui me reviennent à des époques irrégulières. Il m'est arrivé, par exemple, de rêver souvent d'un château en ruines situé au revers d'une colline rocailleuse. J'y pénètre chaque fois avec un sentiment d'anxiété ; sous mes pieds les parquets s'effondrent et je vois les murailles et les voûtes qui menacent de s'écrouler. Chaque fois, le château m'apparaît dans le même paysage et avec le même style d'architecture. »

M. S..., philosophe et poète, nous cite un exemple bien remarquable : « J'ai eu un certain nombre de rêves qui m'ont fortement frappé. Ils se rapportent, pour la plupart, à ma vie sentimentale, d'autres à ma vie intellectuelle et morale. Ils ont toujours eu lieu dans les moments de crise de mon existence intime, pendant le sommeil léger du matin, peu avant le réveil.

» Il y a dix ans, je venais d'assister à la mort d'une femme qui avait joué un rôle capital dans ma vie. Aucun être n'a jamais exercé sur moi une si profonde influence et cela au point de vue passionnel et intellectuel. Elle était morte, enlevée en quinze jours par une fièvre violente. Cet événement me laissait dans une grande consternation. Douze heures après, je

(1) Cité par Max Simon, Le Monde des Rêves.

m'étendis, épuisé, sur mon lit. C'était une haute chambre italienne, voisine de celle où reposait le corps de la défunte. Mon sommeil de plomb, comme celui d'un homme qui aurait longtemps lutté avec la mort et s'endormirait enfin harassé, dura une heure environ. Il me sembla alors qu'au-dessus du plafond de ma chambre flottait une forme d'un noir opaque, les bras étendus. Impossible de distinguer les traits ou même la forme du corps. Elle était entièrement enveloppée d'un voile épais et noir du plus funèbre aspect. Avec cela j'eus l'idée nette que c'était mon amie qui cherchait à se rapprocher de moi. Je fis un violent effort pour l'appeler à moi et m'élançai vers elle. Mais, j'eus la sensation d'un crampon de fer s'enfonçant dans mon cerveau et je m'éveillai.

» Ceci se passait sur une plage de la Méditerranée. Deux mois après, je me trouvais dans mon pays. Je m'étais remis au travail, interrompu par la mort de mon amie. J'écrivais un livre auquel elle avait pris un grand intérêt, et une part active. J'étais à peine remis du bouleversement que m'avait causé cette perte ; j'éprouvais alors la plus grande difficulté à travailler. C'est alors que le rêve se répéta, mais sous une forme plus lumineuse. Dans mon sommeil du matin, j'aperçus, toujours flottante au plafond, une forme très blanche de jeune fille très élancée, la tête penchée, et les bras étendus. J'eus aussi l'idée absolue que cette forme était celle de mon amie, quoique singulièrement rajeunie et amincie. Je fis le plus violent effort pour la saisir. Elle disparut aussitôt et j'eus la même sensation de crampe au cerveau en me réveillant. Mais toute la sérénité et toute la force de travail m'étaient revenues. Je me mis à l'œuvre, sans plus discontinuer, avec une intensité redoublée, comme je l'avais fait souvent auprès d'elle. Pas une ligne, pas une pensée de ce livre qui ne fît partie d'elle aussi bien que de moi.

»Quelques mois plus tard, j'étais de retour à Paris, poursuivant mon œuvre. Mais l'influence sociale ambiante me dérangeait, m'attristait. Les difficultés du travail revinrent. J'eus alors un rêve qui me consola plus encore que le précédent. Il me semblait que j'étais au piano, jouant un *adagio* de Beethoven qui plaisait particulièrement à mon amie défunte. Subitement elle vint à moi, et m'embrassa au front, puis disparut. Je me revis seul, assis sur un banc solitaire, tenant à la main une lettre ; cette lettre portait mon nom comme adresse, et elle était de son écriture bien connue. Au moment où je voulus l'ouvrir, je m'éveillai. Je gardai de ce rêve une grande impression. La lettre semblait me dire que la communication régulière était rétablie.

» Je raconterai encore le dernier rêve que j'eus de cette amie et dont je me souvienne. Car j'ai l'impression d'en avoir eu d'elle bien d'autres dont je n'ai pu me souvenir au réveil.

» Quatre ou cinq ans s'étaient écoulés, remplis de beaucoup de travaux et d'agitations nouvelles. Mais j'avais eu une période relativement calme, dans ma retraite au pays natal. Elle avait été entièrement occupée par l'achèvement d'une série de poèmes lyriques. Ils devaient exprimer dans une transposition poétique tout ce qu'il y avait de plus intime et de plus profond dans mes rapports avec cette amie. Jamais, depuis sa mort, ma pensée n'avait été si intensément concentrée sur elle. C'était le côté passionnel de notre vie que je revivais maintenant dans toute son ardeur, quoique sous une forme idéale et transcendante. Rarement j'avais été aussi heureux, sauf dans les jours de notre vie commune. C'était un sentiment de possession réciproque profonde et souveraine, en dehors de tout signe physique. Cependant, jamais dans mon sommeil je ne la vis. A vrai dire, je n'en sentais pas le besoin. Le sentiment d'une communication ardente et passionnée pendant le travail poétique me suffisait. Je revins à Paris, mon travail terminé.

» Le lendemain de mon arrivée, je m'endormis après une nuit passée en chemin de fer. Alors je rêvai de mon amie. Cette fois, elle se montrait dans la plénitude de la vie, telle que je l'avais connue. Je ne voyais que son buste, tout près de moi. Un vêtement blanc plissé recouvrait le sein, ne laissant à découvrir qu'une épaule. Je crois voir encore les cheveux bouclés, très abondants, d'un noir intense et leur ombre bleuâtre sur le cou. La tête était légèrement penchée d'un mouvement de tendresse, les yeux immense, exactement ceux que je connaissais. J'avais parfaitement conscience que je rêvais et cependant mes bras, jetés autour de son cou, avaient la sensation de toucher une chair vivante. Mais, sous mon étreinte, la figure s'évanouit. Je me réveillais avec un sentiment de félicité inconnue et que je n'ai plus retrouvé depuis : sensation de bonheur et d'harmonie d'une pureté délicieuse, qui avait son centre dans la région du cœur et se répandait de là dans tout mon être. »

Et M. Richepin : « Il m'arrive très rarement de rêver ; mais en revanche les rêves que je fais sont d'une violente intensité ; plusieurs sont périodiques ; l'impression en dure, au réveil, avec des aspects de réalité ; j'ai gardé ainsi des associations d'idées et d'images pouvant servir à une œuvre littéraire. »

Et M. Rémy de Gourmont : « A dix-sept ans, j'eus un rêve : une vision du Purgatoire où je crois que la lecture du Dante était pour beaucoup ; la teinte générale était jaune orangé. J'avais la sensation d'y être moi-même pour un temps infiniment long ; j'étais consterné. »

Et M. Emile Pouvillon : « De beaux paysages me sont apparus et m'apparaissent encore assez souvent, mais inutilisables presque tous. Ils finissent par prendre généralement une tournure, une couleur apocalyptique. Beaucoup *de fin du monde*, à laquelle je ne pense guère une fois éveillé. La seule chose qui m'étonne dans ces rêves, c'est la faculté de composer des aspects de foule, une rue, un salon, une gare avec toutes les figures, les gestes, les actions d'une quantité de personnages ; tout un tableau que je serais embarrassé de combiner à l'état de veille à un pareil degré de complication et de vraisemblance. »

Et Mme Rachilde : « Presque tous mes rêves persistent après mon réveil. Ma vie normale en est encombrée. Je puis même dire que ma vie est double. Étant jeune fille, ils avaient une telle intensité *que je me demandais souvent si je n'existais pas sous deux formes : ma personnalité vivante et ma personnalité rêvante.* Parfois je me trompais. Je m'imaginais que la vie véritable était mes songes. Je rêvais toujours de choses violentes : guerres, combats entre des bêtes merveilleuses et des hommes géants. Je prenais l'habitude de les voir et je finissais par ne plus en avoir peur. Je m'y faisais peu à peu, comme on se fait à un livre de contes fantastiques que l'on relit, et souvent le rêve inachevé, je le terminais moi-même tout éveillée, ce qui m'a donné ainsi l'habitude de me raconter des histoires, de composer des romans. Je me mis à écrire dès l'âge de douze ans et je pris ainsi, sans presque m'en douter, le chemin de la littérature.

» A l'heure actuelle, je rêve toujours, mais depuis mon mariage, mes songes sont devenus plus confus. Ils tournent tout de suite à la littérature pure et simple et j'ai alors la sensation de feuilleter un livre sur lequel je lis ce qui arrive. Il est vrai que je lis énormément et que beaucoup de mes nuits se passent en lecture. Je finis par tout confondre. Mais si j'ai perdu en intensité une partie de ma double vie, j'y ai gagné des méthodes. Je peux rêver à ce que je veux et continuer le rêve commencé... comme un feuilleton dont on attend la suite. Pour rêver que je suis dans un très beau jardin, avec de l'eau et des fleurs, il me suffit de regarder, avant de m'endormir, le *bouchon de cristal bleu taillé à facettes* d'un flacon qui est sur ma table de chevet ou de toucher *une étoffe de soie verte.* Cela me réussit presque toujours. »

2° RÊVES-ÉMOTIONS. — M. Sully-Prudhomme nous en donne un exemple : « Je me rappelle avoir, dans mon enfance, fait un rêve extraordinairement délicieux ; il me semblait que je vivais dans un monde enchanté. Ce qu'il y a de remarquable dans ce rêve si ancien (j'ai cinquante-huit ans), c'est qu'il a été interrompu par un court réveil, puis continué dans un sommeil nouveau. Ça a été un rêve parfaitement homogène en deux temps. »

Puis M. Gabriel Sarrazin : « J'ai eu des rêves d'une intensité extraordinaire ; ceux dont le souvenir m'est particulièrement resté sont des visions de paysages inouïs, si inouïs que je me sentirais incapable, eussé-je à ma disposition les expressions les plus imposantes et les plus grandioses des langues anglaise et française (que je crois connaître toutes deux assez bien) de donner à qui que ce soit la moindre idée de leur grandeur et de leur *épouvante*. Remarquez bien le terme, épouvante. C'est qu'en effet, par un phénomène psychologique qui resterait inexplicable, même en admettant l'état de cauchemar (car il ne me semblait pas être dans l'état du cauchemar ordinaire) cette vision de paysages d'une grandeur inouïe s'accompagnait dans mon âme, pendant mon rêve, d'un frisson tragique (assez semblable à celui qu'on éprouve à la vue du plus poignant des drames) auquel il m'est impossible de comprendre quoi que ce soit ; il me semblait que je n'étais que spectateur ; et d'autre part, il n'y avait, dans ces paysages, nulle scène humaine, pas même une figure organique : l'un de ces paysages, qui est de beaucoup le plus mémorable, était une vision de *deux immenses montagnes escarpées et séparées par une sorte d'abîme où se précipitaient des eaux*. Ce n'est rien, n'est-ce pas ? et voilà une description d'une simplicité presque puérile : oui, en effet, si je compare le résidu de pensée que je vous communique au grandiose et au tragique du paysage en question, vu en rêve. J'ai eu cette vision, il y a deux ans peut-être, et ni le paysage d'Aden, un des plus dantesques que j'ai vus de mes yeux, ni aucun paysage terrestre ne m'a jamais bouleversé d'une émotion à beaucoup près aussi inouïe que celle qui m'oppressait au cours de mon sommeil et pendant la durée de ce rêve.

» Un autre paysage, dont la vision m'est aussi demeurée est celui d'*une grande cathédrale gothique en pleine campagne et au milieu d'une prairie très verte, d'un vert de féerie.* Nul hameau, nulle demeure à côté.

» Ces rêves n'ont pas persisté au réveil à l'état de forte vision plastique, c'est-à-dire de lignes, de couleurs et de formes sensibles bien nettes. C'est ce que je vous disais plus haut, en vous expliquant qu'il m'est impossible de vous donner de ces paysages une idée autre que banale et banalement exprimée. C'est qu'en effet, ni au réveil, ni maintenant, je n'ai pu les revoir tels qu'ils étaient; j'ai eu beau chercher souvent et faire effort, par l'imagination, pour essayer de les revoir, ce qui m'en reste est très vague et n'est plus que le pâle résidu de vision et de pensée que je vous disais tout à l'heure. Mais en revanche, si ces rêves ne me sont restés qu'à l'état de visions vagues et de notions confuses, ils sont demeurés très fortement en moi à l'état d'*émotion,* même à présent; j'entends par là qu'ils me font l'effet d'une musique extraordinaire, dont je ne me rappellerais pas au juste les notes, mais qui pourrait donner à l'occasion une acuité et un frisson plus intenses à mon verbe poétique. »

M. Gabriel Sarrazin a eu aussi d'autres rêves que ceux des paysages: entr'autres, il nous cite des rêves dans lesquels il a eu la vision d'une jeune fille, morte depuis longtemps : « L'effet qu'elle m'a produit, dit M. Sarrazin, dans les rêves du sommeil, a été un effet de mélancolie intense et fatidique, mais non d'épouvantement et d'oppression terrible, comme celui produit par les paysages. La vision me rendait d'une tristesse extrême..., mais ne m'écrasait pas sous un poids d'émotion dramatique incompréhensible. L'impression qui m'en est restée est donc beaucoup moindre. »

M. Paul Adam nous dit : « Durant le sommeil, je mène une

vie infiniment plus intense en émotions que ne l'est la vie réelle.

» Mes rêves, dit-il encore, ne persistent pas après l'éveil, autrement que comme souvenir impressionnant ; parfois je garde les battements de cœur de la peur fort longtemps. »

Et M. François Fabié : « J'ai eu, j'ai souvent encore des rêves d'une intensité remarquable, et faisant sur moi une grande impression. »

M. Remy de Gourmont nous signale ce fait curieux : « Il m'est arrivé une fois ceci : écrivant un conte, qui avait pour sujet un suicide à échéance fixe, un matin, déjà habillé et m'asseyant à ma table de travail, j'eus une seconde d'angoisse et je supputai que je n'avais plus que trois ou quatre semaines à vivre. L'angoisse fut courte, mais réelle. J'avais, sans doute, rêvé à mon conte et le rêve se continuait au réveil. »

Etude des rêves par rapport aux œuvres.

Nous allons maintenant étudier les rêves par rapport aux œuvres produites :

Nous distinguerons trois cas :

1º LE RÊVE CONTINUE LES PRÉOCCUPATIONS, les travaux de la veille, et donne une solution, ou tout au moins des indications utiles.

Ainsi on raconte que La Fontaine composa, en rêve, la fable des « Deux Pigeons » (1).

Condorcet dit qu'il lui est souvent arrivé, après avoir passé plusieurs heures à des calculs difficiles, d'être obligé de les laisser inachevés pour s'aller reposer. A différentes reprises dans ses rêves, le travail s'est terminé de lui-même, et les corollaires se sont présentés à son esprit.

(1) LOMBROSO, L'Homme de Génie.

Franklin racontait à Cabanis que les combinaisons politiques, qui l'avaient embarrassé durant le jour, se débrouillaient fréquemment pendant ses rêves.

Quelques personnes prétendent que la « Divine Comédie » a été inspirée à son auteur par un songe [1].

Voltaire rapporte qu'il rêva une nuit un chant complet de sa *Henriade* autrement qu'il l'avait écrit, ce qui lui suggère la réflexion suivante : « J'ai dit, en rêvant, des choses que j'aurais dites à peine pendant la veille ; j'ai donc eu des pensées réfléchies malgré moi et sans y avoir la moindre part ; je n'avais ni volonté ni liberté, et je combinais des idées avec sagacité et même avec quelque génie. »

Cardan assure avoir composé un de ses ouvrages en rêve ; le mathématicien Maignan trouvait en songe des théorèmes ou les preuves d'autres théorèmes; et enfin, au rapport de Krüger, ses rêves lui ont parfois servi à résoudre des problèmes compliqués.

« Burdach a rapporté que plus d'une fois, pendant le sommeil, certaines vues sur la science qui faisaient l'objet de ses études lui étaient venues, qu'il aurait difficilement conçues à l'état de veille. Sans contrôler la valeur scientifique des idées du professeur de l'Université de Kœnisberg, idées qui ne sont plus guère en rapport avec la manière dont se conçoit aujourd'hui l'étude de la physiologie, je citerai ce que ce savant racontait à ce sujet. Il suffit, en effet, que ces vues de l'esprit aient mérité d'arrêter l'attention du célèbre physiologiste pour qu'elles présentent un intérêt réel au point de vue qui nous occupe : « J'ai souvent eu dans mes rêves, dit Burdach, des idées scientifiques qui me paraissaient tellement importantes qu'elles m'éveillaient. Dans bien des cas, elles roulaient sur des objets dont je m'occupais à la même époque,

[1] B. DE BOISMONT, Hallucinations, p. 261.

mais elles m'étaient entièrement étrangères quant à leur contenu. Ainsi pendant que j'écrivais mon grand traité sur le cerveau, je rêvais que l'inflexion de la moelle épinière, à l'endroit où elle se continue avec l'encéphale, désigne l'antagonisme de ces deux organes par le croisement de leurs axes et par la rencontre de leurs courants sous un angle qui se rapproche plus de l'angle droit chez l'homme que chez les animaux, et qui donne la véritable explication de la station droite. Le 17 mai 1818, je rêvai d'un plexus céphalique de la cinquième paire des nerfs cérébraux, correspondant au plexus crural et au plexus brachial. Le 11 octobre de la même année, un songe me montra que la forme de la voûte à trois piliers est déterminée par celle de la couronne radiante. Le 17 juin 1822, en faisant la méridienne, je rêvai que le sommeil, comme l'allongement des muscles, est un retour sur soi-même qui consiste dans la suppression de l'antagonisme. Tout joyeux de la vive lumière que cette pensée me semblait répandre sur une grande masse de phénomènes vitaux, je m'éveillai, mais aussitôt tout rentra dans l'ombre parce que cette vue était trop en dehors de mes idées du moment (1) ».

La composition du fragment poétique de Kubla-Khan par Coleridge en est encore un exemple.

« Coleridge s'endormit en lisant, et à son réveil il sentit qu'il avait composé quelque chose comme deux ou trois cents vers qu'il n'avait qu'à écrire, les images naissant comme des réalités avec les expressions correspondantes, sans aucune sensation ni conscience d'effort. L'ensemble de ce singulier fragment comprend cinquante-quatre lignes qui furent écrites aussi vite que la plume pouvait courir; mais ayant été interrompu par quelqu'un qui resta environ une heure, pour une affaire, Coleridge, à sa grande surprise et mortification, trouva que quoi qu'il eût encore un vague sou-

(1) Cité par Max Simon, Le Monde des Rêves.

venir de l'ensemble général de sa vision, à l'exception de
huit ou dix vers épars, tout le reste avait disparu sans retour. »

Et plus près de nous, M. Léon de Rosny nous a adressé la
note suivante le concernant :

« Depuis de longues années ses rêves ont perdu tout caractère imagé et extraordinaire.

» Dans sa jeunesse, il a expérimenté plusieurs fois le système ayant pour but de s'assurer des rêves sur un sujet
choisi à l'avance et de faire apparaître des personnes qu'il
désirait voir en songe, en employant des boîtes à musique,
qui, à un certain moment de la nuit, reproduisaient au-dessus de sa couche des airs se rattachant ou lui rappelant pour
un motif quelconque les personnes ainsi évoquées.

» Depuis quelques années (à peu près depuis l'âge de cin-
quante ans) deux cas se sont présentés : 1° il n'a conservé
au réveil aucun souvenir de ses rêves; 2° *ses rêves ont été la
suite des idées qui l'avaient préoccupé pendant le jour.* Dans
ce dernier cas, il avait conscience de rêver et faisait acte de
volonté en étudiant pendant le sommeil le caractère de ses
raisonnements. Parfois même *il est convaincu d'avoir éclairci
en rêve des problèmes obscurs qu'il avait étudiés durant les
heures de veille,* et parfois il s'est rappelé, mais seulement
en partie, la nature des raisonnements qu'il avait faits pendant la nuit. Quelques aperçus, auxquels il attachait une
grande importance, lui échappaient en partie au réveil, et il
faisait alors tous ses efforts pour qu'ils reparussent devant
sa pensée. »

M. Rochegrosse : « Il me semble que certains de mes rêves
ont pu me mettre dans un état d'esprit où ont pu naître quelques-unes de mes conceptions. »

M. Séon : « Pendant la création, la pensée semble entourée
de mille choses qui ne resteront pas dans l'exécution définitive. Là, le rêve, quelquefois, montre une image plus simple;

. la pureté d'une œuvre vient bien plus d'une vision que des observations dans la nature. »

M. Retté : « Il m'est arrivé de rêver de l'objet de ma préoccupation, lorsque j'avais en train un travail qui me passionnait beaucoup. Mais cela se présentait le plus souvent sous forme de gens qui me proposaient des phrases absurdes ou qui prétendaient modifier ma conception de l'œuvre en élaboration. Néanmoins, gardant au réveil le souvenir de ces sottises, je m'en servais pour faire le contraire. »

Bien des cas cités au chapitre premier, comme nous l'avons déjà fait remarquer, pourraient entrer dans cette classe de faits que nous citons, car bien souvent le travail de l'esprit constaté au réveil est le résultat d'un rêve, mais dont le souvenir n'est plus.

2° LE RÊVE INSPIRE UNE ŒUVRE. — La forme vue, l'idée venue (bien que les occupations de l'auteur ne soient pas dirigées spécialement dans cette direction, du moins au moment où le rêve a lieu) amènent une réalisation ou un essai de réalisation.

Les exemples ? nous les prendrons dans les observations précédentes :

Celle de Bernard Palissy.

Celle de Coleridge.

Celle de M. André Theuriet.

Et celle-ci de M. Charles Richet : « Une fois j'ai tenté d'arranger un rêve que j'ai fait ; il a paru quelque peu modifié, sous la forme d'un conte pour les enfants. »

M. Richepin nous écrit aussi : « J'ai gardé de mes rêves des associations d'idées et d'images pouvant servir à une œuvre littéraire. »

Dans sa remarquable auto-observation, Mme Rachilde nous dit : « A part quelques-uns, tous mes livres sont d'abord *vus en rêve....*, et très souvent quand j'ajoute des chapitres *de ma propre autorité*, ce n'est pas ce qu'il y a de mieux dans l'œuvre ! »

Et voici ce que nous dit encore à ce sujet un peintre, M. Eugène Grasset : « J'ai eu à plusieurs reprises des rêves qui m'ont plus fortement impressionné que d'autres, par la netteté de cette impression.... j'ai souvent fait de vains efforts pour me replacer dans le milieu spécial de mon rêve. A plusieurs reprises, je me suis figuré que je pourrais réaliser des aspects merveilleux entrevus en rêve, mais vainement. J'ai souvent essayé sans *jamais* parvenir à autre chose qu'à l'insignifiance.

3° L'ÉMOTION NÉE DU RÊVE INSPIRE UNE ŒUVRE ou plutôt met dans un état favorable à la création.

Nous ne pouvons trouver de meilleurs exemples que dans les observations précédemment citées de M. S..., qui nous dit : « Après ce rêve consolant, toute la sérénité et toute la force au travail m'étaient revenues. »

Et de M. Gabriel Sarrazin qui s'exprime en ces termes : · « Ces impressions de paysages vus en rêve persistent encore dans mon âme deux ans après à l'état d'émotion et comme l'émotion est créatrice, je ne serais pas surpris qu'une telle émotion, fille du sommeil et du rêve, n'engendrât à son tour et à un moment donné quelques-unes de mes pages. »

Dans ces cas, l'émotion est une « réviviscence affective » semblable à la réviviscence ordinaire, c'est-à-dire celle d'une émotion ancienne éprouvée dans la. veille. La seule différence, c'est que l'émotion n'a pas eu lieu au contact des événements réels, mais en face d'images rêvées. Citons un cas de réviviscence emprunté au livre de M. Ribot « La Psychologie des Sentiments ». L'auteur cite M. Sully-Prudhomme :

« J'ai l'habitude de me séparer des vers que je viens de faire avant de les achever, de les laisser quelque temps dans mes tiroirs. Je les y oublie même parfois quand la pièce m'a paru manquée et il m'arrive de les retrouver plusieurs années après. Je les recompose alors et j'ai la faculté d'évoquer avec une grande netteté, le sentiment qui les avait suggérés. Ce sentiment, je le fais poser pour ainsi dire dans mon for intérieur, comme un modèle que je copie avec la palette et le pinceau du langage. C'est exactement le contraire de l'improvisation. Il me semble que je travaille alors sur le souvenir d'un état affectif. »

La similitude des deux états psychologiques est donc complète.

Etude des rêves par rapport aux auteurs.

Il y a pour ainsi dire deux sortes de réaction :
La réaction passive,
La réaction active.

1° RÉACTION PASSIVE. — L'auteur est obsédé du rêve intense qui a traversé son sommeil. Nous verrons plus tard, au chapitre des hallucinations, cette obsession atteindre son maximum.

Elle est particulière, en ce sens que le contraire est d'observation courante. Qui n'a pas éprouvé de surprise, après un cauchemar, en sentant s'évanouir si vite une impression qui lui paraissait anéantissante dans le songe ?

Voici des exemples : « Henri Heine dit qu'à la suite des rêves où il se croyait incarné dans son grand-oncle, son âme « garda des traces secrètes et durables de cet état pénible qui dura une année environ. »

L'obsession du rêve existe aussi dans le cas de M. S.... et

dans celui de M. Gabriel Sarrazin, dans celui de Paul Adam, qui garde de certains de ses rêves « les battements de cœur de la peur fort longtemps », et de M. François Fabié qui nous écrit en parlant de ses rêves :

« Je ne peux me débarrasser de leur obsession de toute la journée qui suit. Dès que la besogne quotidienne laisse à ma pensée un repos, c'est le rêve qui me rappelle et me retient, et colore ma journée d'un reflet doux ou triste. »

Sans qu'il en garde l'obsession, il se peut très bien qu'il s'établisse une sorte de confusion dans la mémoire de l'auteur. Le souvenir du rêve se mêle au souvenir de la vie réelle à tel point que l'esprit ne le localise plus.

M. Rémy de Gourmont en est un exemple :

« Il m'arrive même, dit-il, de ne pouvoir distinguer le rêve de la réalité, de confondre, par exemple, ce qu'un ami m'a dit la veille et ce que j'ai rêvé la nuit. Je suppose que mon esprit est ainsi plein de fausses notions qui, au bout d'un certain temps, sont dans ma mémoire, sur le même plan que les faits exacts. »

De même Mme Rachilde :

« Parfois je me trompais, je me figurais que ma vie réelle était mes songes. »

2° La RÉACTION ACTIVE. — L'auteur expérimente sur ses rêves, essaie de les diriger à son gré, le plus souvent sans y réussir, du reste.

Tel est le cas de M. de Rosny :

« Il y a quelques années, il avait l'habitude de mettre à côté de son lit un crayon et du papier, et se réveillait très souvent en sursaut pour écrire des notes importantes pour ses études. »

« Dans sa jeunesse il a expérimenté plusieurs fois le système ayant pour but de s'assurer des rêves sur un sujet choisi à l'avance et de faire apparaître des personnes qu'il désirait voir en songe, en employant des boîtes à musique qui, à un certain moment de la nuit, reproduisaient au-dessus de sa couche des airs se rattachant aux personnes ainsi évoquées ou les lui rappelant pour un motif quelconque. »

Tel encore M. Raffaelli :

« A l'état de rêve, la nuit, j'effectue des calculs prodigieux, prononce des discours qui me semblent fameux, et rédige des notes ou étudie des inventions qui doivent bouleverser le monde. Souvent alors, je m'éveille, allume une bougie et écrit rapidement ces idées rêvées. J'eus même longtemps sur ma table de nuit tout ce qu'il fallait pour prendre rapidement des notes, mais j'ai toujours dû me rendre compte au réveil complet, le matin, que tout ce que j'avais noté n'avait qu'une valeur fort relative. »

Et M. Grasset :

« J'ai souvent fait de vains efforts pour me replacer dans le milieu spécial de mon rêve. »

Et enfin Mme Rachilde qui, elle, a réussi à se donner les rêves qu'elle veut :

« Pour rêver que je suis dans un très beau jardin avec de l'eau et des fleurs, il me suffit de regarder, avant de m'endormir, *le bouchon de cristal bleu taillé à facettes* du flacon qui est sur ma table de nuit, ou de toucher une étoffe de *soie verte*. »

HALLUCINATIONS

Abordons maintenant l'étude des hallucinations chez les hommes doués d'une supériorité intellectuelle évidente, ayant laissé des traces dans l'histoire, soit par leurs actes, soit par leurs œuvres. Notre intention est de ne point nous occuper des hallucinations imputables à un état d'aliénation mentale avérée, mais au contraire d'hallucinations bien spéciales, manifestations objectivées du subconscient, compatibles avec l'intégrité de la conscience, non point pour les raisons d'ordre moral qu'invoquait jadis M. Brierre de Boismont dans son ouvrage sur « Les Hallucinations », mais pour la même raison que l'ivresse due au chloroforme disparait avec l'élimination du chloroforme ou que le délire dû à une maladie infectieuse cède lorsque décroit cette maladie. Mais n'anticipons point sur les caractères généraux de ces hallucinations, il faut d'abord les citer et l'interprétation viendra ensuite :

C'est quand Brutus méditait dans sa tente, la veille de la bataille de Philippes, qu'il aperçut le spectre de son mauvais génie (1).

Dion, élève le plus ardent du fondateur de l'Académie, aperçut un jour un spectre de femme semblable à celui d'une furie (2).

Quintius Curtius Rufus l'ambitieux qui obtint de Tibère

(1) PLUTARQUE, cité par Michea.
(2) PLUTARQUE, Vie de Dion.

la questure, la préture et le proconsulat, était allé en Afrique avec un questeur. Or, un soir, comme il se promenait sous un portique, il vit une femme d'une grandeur et d'une beauté extraordinaires, qui lui dit qu'elle était l'Afrique, et qu'il reviendrait un jour dans ce pays en qualité de proconsul [1].

Julien, dans la guerre de Perse, s'avança en pays ennemi sans ménagements, se laissa tromper par des déserteurs et hésita sur le chemin qu'il avait à prendre. Il se vit bientôt, manquant de vivres et harcelé par la cavalerie ennemie, obligé de commencer la retraite. Près de succomber avec son armée, il donnait encore à la contemplation et à l'étude les heures les plus silencieuses de la nuit. Dans une de ces heures solitaires, comme il lisait ou écrivait sous sa tente, le génie de l'empire qu'il avait déjà vu à Lutèce avant d'être salué Auguste, se montra à lui, il était pâle, défiguré et s'éloigna tristement en couvrant d'un voile sa tête et sa corne d'abondance. Julien mourut dans le combat le lendemain [2].

Galien dut sa vocation de médecin à un songe dans lequel Apollon lui apparut à deux reprises différentes pour lui ordonner de se livrer désormais à l'étude de la médecine. Ce célèbre médecin s'est étendu avec complaisance sur cette circonstance de sa vie [3].

Selon Eusèbe, qui tenait le fait de la bouche même de Constantin, cet empereur eut une hallucination d'où dépendit sa conversion au christianisme, le triomphe de cette religion, sa consécration définitive et solennelle. En marchant à la tête de son armée pour délivrer Rome de la tyrannie de Maxence, il aperçut, un jour, dans l'après-midi, en l'air, au-dessus du disque du soleil, une croix lumineuse portant

---

(1) PLINE LE JEUNE, Epist., lib. VII, litt. 26.

(2) CHATEAUBRIANT. Etudes historiques. Rapporté par M. Simon, Le Monde des Rêves, p. 146.

(3) BAIERRE DE BOISMONT, Hallucinations.

cette inscription en caractères grecs : εν τουτω νικα (vainquez par cela). Or, la nuit suivante, Jésus-Christ lui montra, *en songe*, le même signe, en lui ordonnant d'en faire construire un semblable pour s'en servir comme d'un puissant secours dans les combats (1).

Un contemporain et un disciple de saint Thomas d'Aquin, Guillaume de Tocco, rapporte que son illustre maitre, qui, après la mort de ses frères, se trouvait singulièrement incertain sur leur salut, et qui priait souvent Dieu de lui faire connaitre l'état de leurs âmes, eut la vision suivante : au milieu d'une oraison, peu de temps après la mort de sa sœur qui était abbesse d'un couvent, il aperçut cette religieuse qui le remercia de l'efficacité de ses prières, et comme il lui demandait des nouvelles de ses frères, elle lui répondit que Landulphe était encore en Purgatoire, mais que Raynald était avec elle en Paradis.

Guillaume de Tocco dit en outre que, étant une nuit toujours en oraison, dans l'église des Dominicains à Naples, saint Thomas vit apparaitre son suppléant dans sa chaire qui lui annonça qu'il jouissait de la félicité des élus (2).

Guillaume de Tocco rapporte encore : « Lorsque le docteur *universel* écrivait ses commentaires sur Isaïe, il rencontra un texte très obscur et dont le sens lui parut si difficile, qu'il eut recours à des prières plus ferventes et à des jeûnes plus rigoureux, afin d'obtenir de Dieu la faveur de bien apprécier le génie du prophète. Or quelques jours après, la nuit, le père Renaud, qui couchait près de sa chambre, l'entendit parler à quelqu'un, sans comprendre ce qu'il disait et sans voir son interlocuteur. Bientôt saint Thomas, s'approchant du lit du père Renaud, s'écria : « Levez-vous, prenez la lumière et le cahier de mes commentaires sur Isaïe ». Puis après

(1) Histoire ecclésiastique, lib. I, cap. 28 et 29. De vità Constantini, lib. I, cap. 28.

(2) Vie de ce saint par le père Tornox, Paris 1737, in-4°, livre III, chap. 9, p. 271-272.

avoir dicté de longs fragments il le renvoya dormir. Le père
Renaud lui ayant demandé avec qui il s'était entretenu, il lui
avoua, non sans beaucoup de difficultés, et en lui faisant
promettre de ne point divulguer l'événement durant sa vie,
que Dieu lui avait envoyé saint Pierre et saint Paul, et que
c'étaient eux qui lui avaient facilité la compréhension du
texte d'Isaïe (¹).

Licinus méditait dans son camp, la veille du combat qui
allait se livrer entre lui et l'empereur Maximin, lorsqu'il vit
un ange et l'entendit dicter une prière à l'aide de laquelle
ses soldats devaient remporter la victoire (²).

« Du temps que j'habitais le monastère de Saint-Léger, dit
Raoul Glaber, je vis, une nuit, avant matines, paraître devant moi, aux pieds de mon lit, un petit monstre hideux qui
avait à peine figure humaine. Il me semblait avoir, autant
que je pus m'en assurer, une taille médiocre, un cou grêle,
une figure maigre, les yeux très noirs, le front étroit et ridé,
le nez plat, la bouche grande, les lèvres gonflées, le menton
court et effilé, une barbe de bouc, les oreilles droites et poin-
tues, les cheveux sales et raides, les dents d'un chien, l'occi-
put aigu, la poitrine protubérante, une bosse sur le dos, les
fesses pendantes, les vêtements malpropres ; enfin tout son
corps paraissait d'une activité convulsive et précipitée. Il
saisit le bord du lit où j'étais couché, le secoua tout entier
avec une violence terrible et se mit à me dire : «Tu ne reste-
ras pas plus longtemps ici. » Aussitôt je m'éveille épouvanté,
et en ouvrant les yeux j'aperçois cette figure que je viens de
décrire. Le fourbe grinçait des dents en répétant : tu ne res-
teras pas plus longtemps ici. Je saute alors à bas de mon lit,
je cours au monastère, je me prosterne au pied de l'autel du
saint père Benoit, et j'y reste longtemps étendu, glacé de
crainte (³) ».

(¹) Vie déjà citée par le père Touros, p. 274.

(²) Lactance, De mort. persec., cap. 46.

(³) Chroniques, livres V, p. 329. (Dans la collection des mémoires relatifs
à l'Hist. de France ; traduction de M. Guizot.)

Le spectre qu'aperçut Spinosa, un matin, dans sa retraite de Rhinbourg, disparut graduellement, en affaiblissant ses teintes à l'entour de la tête de ce philosophe.

« Un certain matin, dit Spinosa, le ciel commençait à s'éclairer, comme je sortais d'un sommeil très profond, les images qui s'étaient présentées à moi en songe reparurent devant mes yeux aussi vivement que si elles eussent été réelles. J'aperçus surtout la forme d'un Brésilien noir et couvert de gale, qui m'était tout à fait inconnu (¹) ».

Van Helmont déclarait avoir vu comparaître un Génie, dans toutes les circonstances les plus importantes de sa vie; en 1863, il découvrit sa propre âme sous la forme d'un cristal resplendissant (²).

Quand il fut interrogé sur le sujet de ses visions, Savonarole répondit qu'elles étaient vraies, et parla d'un ange qui lui apparaissait sous la forme d'un enfant à la voix divine qui s'entretenait avec lui.

Savonarole eut encore un songe qui ressemblait à une vision. Il crut voir au milieu du ciel une main tenant une épée sur laquelle étaient inscrits ces mots : *Gladius Domini super terram cito et velociter* (³).

Pendant le troisième voyage de Colomb, dit l'historien américain Washington Irving, peu de temps après que la conspiration de Guevara et de Moxica eut été découverte et châtiée, Colomb, malade, se laissa aller pendant quelque temps au plus grand découragement. Au milieu de ses pensées lugubres et tandis qu'il s'abandonnait au désespoir, il entendit une voix qui lui disait : « Homme de peu de foi, ne crains rien, ne te laisse pas abattre. Je prendrai soin de toi. Les

(¹) Spinosa, Opera posthuma, epistola XXX, p. 471-72.

(²) Lombroso, L'Homme de Génie, p. 457.

(³) Jérôme Savonarole et son temps (Pasquale Villari, traduit par Gustave Gruyer. — Paris, Firmin-Didot, 1874).

sept années du terme d'or ne sont point expirées, et en cela, comme en toutes choses, je prendrai soin de toi (¹) ».

« Une nuit, dit Benvenuto Cellini dans ses Mémoires, un être merveilleux m'apparut en songe sous la forme d'un jeune homme d'une beauté ravissante. Il me disait d'un ton de reproche : « Sais-tu qui t'a confié ce corps que tu voulais détruire avant le temps ». Il me semble que je lui répondis que je le tenais du Dieu tout-puissant. « Tu méprises donc ses œuvres, répondit-il, puisque tu veux les détruire ! Laisse-toi guider par lui et ne désespère pas de ses bontés ». Il ajouta une foule d'autres choses admirables, dont ma mémoire n'a retenu que la millième partie. »

Et plus loin : « A peine eus-je achevé ma prière, que mon esprit invisible me saisit et me transporta dans une salle où il se découvrit à moi sous la forme d'un adolescent dont le visage était d'une beauté merveilleuse, mais plutôt austère que riante. « Tous ces gens que tu vois sont ceux qui ont terminé leur carrière mortelle », me dit-il en me désignant la multitude qui remplissait la salle. Je lui demandai pourquoi il m'avait amené en cet endroit. « Suis-moi, et bientôt tu le sauras », me répondit-il. J'étais revêtu d'une cotte de mailles et je tenais un petit poignard à la main. Il me promena dans cette grande salle en me montrant des milliers d'individus qui marchaient de côté et d'autre. Nous avançons ainsi jusqu'à une petite porte qui lui livra entrée dans une ruelle étroite où il m'entraîna. Dès que je fus sorti de la salle, je me trouvai désarmé, en chemise blanche, tête nue, et à la droite de mon compagnon. Quand je me vis dans cette situation, mon étonnement fut grand, car je ne reconnaissais pas cette rue. « Ami, dis-je alors à mon compagnon, par quel moyen puis-je monter assez haut pour voir le disque du soleil ? » Il m'indiqua des degrés qui étaient à ma droite et me dit : « Vas-y seul ». Je m'éloignai de lui de quelques pas, et je me

___

(¹) Washington Irving, Vie de Christophe Colomb.

mis à gravir à reculons ces degrés. Peu à peu j'approchai du soleil. Je me hâtai de monter, et je ne m'arrêtai que quand mes regards embrassèrent le soleil tout entier. La force de ses rayons m'obligea de fermer les yeux. Bientôt, honteux de ma faiblesse, je les rouvris, et je dis : « O mon doux soleil, que j'ai tant désiré, je ne veux plus contempler que ta face resplendissante, tes rayons dussent-ils m'aveugler ». Je le regardais fixement depuis quelques instants, lorsque soudain il se dépouilla de ses rayons, qui se jetèrent à sa gauche, et je pus le contempler à mon aise avec un plaisir infini. J'étais émerveillé de ce prodige. Je restai en extase devant la divine grâce que Dieu m'accordait, et je m'écriai à haute voix : « Oh ! que ta puissance est glorieuse et admirable ! Combien ta bonté surpasse mes espérances ». Ce soleil sans rayons ressemblait exactement à un bain d'or fondu. Pendant que je considérais ce phénomène, le centre de l'astre lumineux se gonfla et il en sortit un Christ sur la Croix, formé de la même matière que le soleil. Il respirait une grâce et une mansuétude telles, que l'esprit humain ne pourrait en imaginer la millième partie. A cette vue, je m'écriai « Miracle ! Miracle ! O Dieu ! ô clémence ! ô pouvoir infini ! De quels bienfaits tu me combles en ce jour ! » Tandis que je parlais ainsi, le Christ alla rejoindre les rayons ; puis le centre du soleil se gonfla comme la première fois et prit la forme d'une ravissante Madone, assise, et tenant sur son bras l'Enfant divin qui semblait sourire. Elle était placée entre deux anges d'une beauté inestimable ; je vis encore dans le soleil, à droite, un personnage revêtu d'habits sacerdotaux. Il me tournait le dos et regardait la Vierge et son fils. *Toutes ces choses étaient pour moi vraies, distinctes, animées;* je ne cessai de remercier Dieu et de proclamer ses louanges. Enfin, au bout d'un demi-quart d'heure, ce merveilleux spectacle s'évanouit, et je me retrouvai sur mon grabat (¹) ».

(¹) La vie de Benvenuto Cellini contée par lui-même. Traduction de Leclanché. — A. Quantin, Paris 1881, p. 325 et suiv.

Un jour, Le Tasse dit à son ami Manso: « Puisque je ne peux vous persuader par des raisons, je vous convaincrai par l'expérience et je vous ferai voir l'Esprit de vos propres yeux, puisque vous ne voulez pas ajouter foi à ma parole ». « J'acceptai son offre, dit Manso, et le lendemain, comme nous étions assis près du feu, il tourna les yeux vers la fenêtre et la fixa avec tant d'attention qu'il ne répondit pas à une question que je lui adressais. « Voici, me dit-il, l'esprit qui vient me parler ». Je dirigeai immédiatement mes yeux de ce côté, mais j'eus beau faire, je ne vis rien que les rayons du soleil qui pénétraient dans la chambre par les carreaux. Pendant que je portais mon regard de tous les côtés et que je ne découvrais rien d'extraordinaire, je m'aperçus que Le Tasse était occupé à la conversation la plus sérieuse et la plus élevée, car, bien que je ne visse rien et n'entendisse que lui, la suite de son discours était ordonnée comme elle doit l'être entre deux personnes qui s'entretiennent; il proposait et répondait alternativement.

» Émerveillé de ce qui se passait sous mes yeux, je restai assez longtemps dans le ravissement, sans doute jusqu'au départ de l'Esprit. Le Tasse m'en tira en se tournant de mon côté et me disant : « Êtes-vous enfin dégagé de vos doutes ? » — « Bien au contraire, lui dis-je, ils ne sont que plus forts; j'ai entendu des choses merveilleuses, mais je n'ai rien vu de ce que vous m'aviez annoncé ». Alors, souriant, il répliqua : « Vous avez très certainement vu et entendu ». Il n'en dit pas davantage (1) ».

Le Tasse vit très distinctement la figure de la Vierge Marie, tenant son fils entre ses bras, et entourée d'un cercle resplendissant des plus vives couleurs (2).

« A six ans, d'Aubigné veillant dedans son lict pour attendre son précepteur, ouït entrer dans sa chambre et puis en la

(1) Manso, Vie du Tasse.
(2) Lettre de ce poète à Cataneo, tome IX de ses œuvres, p. 345.

ruelle de son lict, quelque personne de qui les vestements frottaient contre les rideaux, lesquels il vit tirer aussitost par une femme fort blanche qui, lui ayant donné un baiser froid comme glace, disparut (¹) ».

Olivier Cromwell était étendu sur son lit et la fatigue l'empêchait de fermer les yeux. Tout à coup, les rideaux s'ouvrirent et une femme d'une taille gigantesque lui apparut, en lui disant qu'il serait le plus grand homme de l'Angleterre (²).

Le 10 novembre 1619, tout occupé de la pensée d'avoir découvert les fondements d'une science nouvelle, Descartes, qui était alors sur les confins de la Bavière, s'endormit et eut un songe dans lequel il crut entendre un bruit aigu et éclatant, qu'il prit pour un coup de tonnerre. La frayeur qu'il en eut le réveilla sur l'heure même, et ayant ouvert les yeux il aperçut un grand nombre d'étincelles répandues au milieu de sa chambre. Il est évident que l'objet du rêve de Descartes se liait avec celui de son hallucination, puisque l'idée du tonnerre implique nécessairement celle de la fulgurosité de l'éclair (³).

Descartes, après une longue retraite, fut suivi par une personne invisible qui l'engageait à poursuivre la recherche de la vérité (⁴).

Après l'accident du pont de Neuilly, Pascal eut une vision. Cette vision eut lieu, en effet, le lundi 23 novembre 1654, de dix heures et demie du soir à minuit et demi. Le détail de ce que Pascal vit et probablement entendit dans cette circonstance solennelle est resté, et, suivant toute apparence, restera toujours dans le secret; car Pascal, dit toujours le

(¹) Mémoires de Théodore Agrippa d'Aubigné, publiés par L. Lalanne, Charpentier, 1854.

(²) BRIERRE DE BOISMONT, Hall., p. 55.

(³) BAILLET, Vie de Descartes, Iᵉ partie, livre II, chap. I, p. 81-82.

(⁴) BRIERRE DE BOISMONT, Hallucinations.

Recueil d'Utrecht, n'a jamais parlé de cette vision à personne, si ce n'est peut-être à son confesseur.

On n'en a eu connaissance qu'après sa mort, par un écrit tracé de sa main qui fut alors trouvé sur lui. Voici, ajoute ce Recueil, ce que contient cet écrit, et de quelle manière il est figuré. Les mots qui sont soulignés l'ont été par Pascal lui-même.

L'an de grâce 1654

Lundi 23 novembre, jour de saint Clément, pape et martyr, et autres au martyrologe.

Veille de saint Chrysogone, martyr et autres. Depuis environ dix heures et demie du soir, jusqu'à environ minuit et demi.

FEU

Dieu d'Abraham, Dieu d'Isaac, Dieu de Jacob.
Non des philosophes et des savants.
Certitude, certitude, sentiment, vue, joie, paix.
Dieu de Jésus-Christ.
Deum meum et Deum vestrum (Jean X, 17).
Ton Dieu sera mon Dieu (Ruth).
Oubli du monde et de tout hormis Dieu.
Il ne se trouve que par les voies enseignées par l'Évangile.
Grandeur de l'âme humaine.
Père juste, le monde ne t'a pas connu,
Mais je t'ai connu (Jean, 17).
Joie, joie, pleurs de joie.
Je m'en suis séparé.
Dereliquerunt me fontem aquæ vivæ.
Mon Dieu me quitterez-vous.
Que je n'en sois point séparé éternellement.
Cette vie est la vie éternelle, qu'ils te connaissent seul vrai Dieu,
Et celui que tu as envoyé :
Jésus-Christ
Jésus-Christ
Jésus-Christ.

Je m'en suis séparé, je l'ai fui, renoncé,

Crucifié.

Que je n'en sois jamais séparé.

Dieu ne se conserve que par les voies enseignées dans l'Evangile.

Réconciliation totale et douce.

Soumission totale à Jésus-Christ et à mon directeur.

Eternellement en joie pour un jour d'exercice sur la terre.

Non obliviscar sermones tuos. Amen.

✝

M. Lélut explique alors cette vision : « Un globe de feu apparaît à Pascal, qui est la lumière de la volonté divine. Sur ce globe est couchée la croix, ce signe de la rédemption des hommes, qui sera l'instrument de la sienne. Il est sûr, il sait maintenant : il a senti, il a vu. Peut-être a-t-il entendu des discours qu'il n'oubliera pas (*non obliviscar sermones tuos*). Désormais, il est en joie, il est en paix. Il oubliera le monde et tout hormis Dieu, non le Dieu des philosophes et des savants, mais le Dieu d'Abraham, d'Isaac, de Jacob, le Dieu de l'Evangile, le Dieu de Jésus-Christ, de Jésus-Christ dont il s'était séparé, qu'il avait fui, renoncé, crucifié. Maintenant qu'il l'a connu, qu'il l'a senti, et par cela même toute la grandeur de l'âme humaine, il ne s'en séparera plus. Entre son Dieu et lui, il y a une réconciliation totale et douce. Il se soumettra à son directeur, comme il se soumet à Jésus-Christ, sûr d'une joie éternelle pour un jour d'exercice sur la terre (1) ».

« Une nuit, dit Mme Guyon, lorsque j'y pensais le moins, il se présenta à mon esprit quelque chose de si monstrueux et si effroyable que rien plus. Ce n'était qu'une face qu'on voyait à la faveur d'une lueur bleuâtre (2) ».

_____

(1) F. LÉLUT, De l'Amulette de Pascal (*Annales médico-psychologiques*, année 1845, tome 1, p. 160 et suivantes).

(2) Vie de Mme Jeanne-Marie Bouvières de la Mothe-Guyon, écrite par elle-même. Cologne, 1720, in-12, vol. III, 2e part., chap. V, p. 15.

A Cardan, de dix-neuf à vingt-six ans, apparaissait un génie semblable à celui qui avait déjà protégé son père, lui suggérait des avis, lui dévoilait l'avenir.

Cardan a une foi si aveugle dans les révélations des songes, qu'il publie un livre intitulé : « De somniis » ; conforme à ses rêves, ses consultations médicales, et sur la foi d'un rêve entreprend des ouvrages : il en est ainsi de ses livres sur la « Variétà delle cose » et « Sulle Febbri » (¹).

A Londres, en 1743, pendant que Swendeborg était à table, le Seigneur, entouré de lumières, lui apparut et lui dit ces mots, d'une voix terrible : « Ne mange pas tant ! »

« Le Seigneur, dit-il lui-même dans une lettre jointe à ses dissertations théologiques, a eu la bonté de se manifester en personne à son serviteur indigne ; il m'a permis de m'entretenir avec les puissances spirituelles et ce bienfait m'a été continué jusqu'à ce jour (²) ».

Le célèbre compositeur Tartini s'était endormi après avoir essayé en vain de terminer un morceau de musique. Cette préoccupation le suivit dans son sommeil ; au moment où il se croyait de nouveau livré à son travail et désespéré de composer avec si peu de verve et de succès, il voit tout à coup le diable lui apparaître et lui proposer d'achever sa sonate s'il veut lui abandonner son âme. Entièrement subjugué par son hallucination, il accepte le marché proposé par le diable et l'entend très distinctement exécuter sur le violon cette sonate tant désirée, avec un charme inexprimable ; il se réveille alors, dans le transport du plaisir, court à son bureau, et écrit de mémoire le morceau (³).

Schopenhauer, dans la nuit qui sépara l'année 1830 de 1831,

(¹) Lombroso, loco citat., p. 90.

(²) Voyez sa lettre à Robzam, en tête du traité « De cœlo et inferno », traduction en français par Pernety.

(³) Brierre de Boismont, Hall., p. 261.

eut un rêve, qu'il considéra comme une prophétie, et suivant
laquelle il devait mourir dans le courant de l'année qui allait
commencer.

« Ce rêve, écrit-il dans ses *Cogiata,* contribua beaucoup à
me faire quitter Berlin, dès l'apparition du choléra en 1831.
A peine étais-je arrivé à Francfort-sur-le-Mein que j'eus une
apparition d'esprits très distincte. C'étaient, comme je le
pense, mes ancêtres . ils m'annonçaient que je survivrais à
ma mère, alors encore vivante. Mon père qui était mort, portait une lumière à la main ([1]). »

Un peintre, Blake, s'imagina qu'il subissait des influences
surnaturelles, qu'il communiquait avec un monde idéal, qu'il
voyait et qu'il entendait les grands hommes des anciens
temps, que le passé et l'avenir n'avaient plus de mystères
pour lui. Ces hallucinations devinrent chroniques et il ne
vécut plus que dans une continuelle rêverie. C'est à cet état
de somnambulisme lucide que ses créations doivent leur
originalité et quelquefois leur beauté naïve ([2]).

L'état de surexcitation poétique qui a commencé chez
Shelley, avant même que sa constitution fût formée, a nécessairement dû affecter son organisme et faire naître dans son
cerveau comme une seconde vie, ressemblant au rêve éveillé
et à l'hallucination. «Il était sujet, dit Medwin, à d'étranges et
terribles rêves, hantés par des hallucinations qui avaient
tous les caractères de la réalité. Il rêvait tout éveillé, dans
une sorte d'abstraction léthargique qui lui était habituelle,
et après chaque accès ses yeux étincelaient, ses lèvres frémissaient, sa voix devenait tremblante d'émotion, il entrait
dans une espèce d'extase pendant laquelle son langage était
plutôt d'un esprit ou d'un ange que d'un homme ([3]). »

Voici aussi, tiré des œuvres de Shelley, le récit d'une

(1) SCHOPENHAUER, L'Homme de Génie, Lombroso, p. 127.
(2) W. BURGER, Les peintres anglais.
(3) F. RABBE, Shelley, Sa vie et ses œuvres, Savine, 1887.

vision, attribuée au héros d'un livre : « Vaincu par une excessive fatigue de l'esprit et du corps, je posai ma tête sur une racine saillante de l'arbre, et oubliant tout autour de moi, je tombai dans un profond et paisible sommeil. Que dis-je ? Paisible ? Non. Je rêvais que j'étais debout sur le bord d'un affreux précipice, loin, bien loin au-dessus des nuages : et, au milieu de leurs sombres formes qui traînaient au-dessous, se brisait une effroyable cataracte : ses mugissements arrivaient à mon oreille portés sur le souffle de la nuit. Au-dessus de moi s'élevaient, formidablements crénelés et dentelés, les fragments d'énormes rocs, éclairés par la lueur incertaine de la lune ; leur hauteur, la grandeur de leur masse informe, leurs proportions gigantesques faisaient vaciller l'imagination, et l'esprit pouvait à peine mesurer la vaste élévation de leurs sommets. Je voyais les noires nuées passer emportées par l'impétuosité du vent, sans sentir moi-même aucun souffle. Il me semblait voir des formes aux sombres lueurs chevaucher leurs saillies presques palpables. Pendant que je regardais ainsi l'immense gouffre qui bâillait devant moi, il me sembla qu'un son d'argent glissait sur la quiétude de la nuit. La lune devint aussi brillante que de l'argent poli, et chaque étoile étincela de scintillations d'une blancheur inexprimable. De séduisantes images glissèrent imperceptiblement sur mes sens, pendant qu'un courant de mélodie, d'une ravissante douceur, flottait autour de moi. Tantôt elle s'approchait, et tantôt elle s'éloignait en mourant dans des tons chers à la mélancolie. Pendant que j'étais ainsi transporté dans le ravissement, l'harmonie séraphique grandissait : ses sons, de plus en plus retentissants, vibraient dans les plus intimes profondeurs de mon âme, et une douceur mystérieuse berçait et endormait toutes mes impétueuses passions. Je regardais avec une avide curiosité la scène qui était devant moi : une brume d'un rayonnement d'argent rendait chaque objet, excepté moi-même, imperceptible : cependant elle était aussi brillante que le soleil de midi. Tout à coup, pendant que la mélodie, dans toute sa plénitude, emplissait le ciel, la brume sembla en un point s'entr'ouvrir, et à travers l'ouverture on voyait rouler des nuages du plus intense cramoisi. Au-dessus d'eux et comme couchée par l'air invisible, apparut une forme de la plus parfaite et de la plus merveilleuse symétrie. Des rayons de lumière surpassant toute expression, tombaient de ses yeux étincelants, et les émanations de son visage répandaient sur les nuages transparents une lueur d'argent. Le fantôme s'avança vers moi ; il me sembla alors, en imagination, qu'il était porté sur le doux courant de la musique qui remplissait l'air ambiant. Avec une voix qui était, elle-même, une fascination, il s'adressa à moi en disant : « Veux-» tu venir avec moi ? Veux-tu être à moi ? » Je sentis une volonté décidée de n'être jamais à lui : « Non, non », répondis-je sans hésiter, avec un sentiment qu'aucun langage ne peut décrire. J'avais à peine prononcé ces paroles, qu'il me sembla qu'une sensation de mortelle horreur glaçait mon corps endolori : un tremblement de terre ébranla le précipice sous mes pieds ; les nuages, comme un chaos, roulèrent autour de moi, lançant de leurs masses sombres d'incessants météores. J'entendis de toutes parts un fracas assourdissant : il semblait que c'était la dissolution de la nature : la lune rouge sang, arrachée de sa sphère, s'engouffra sous l'horizon. Je sentis une main vigoureuse étreindre mon cou, et me retournant dans une agonie d'horreur, je vis une forme plus hideuse que l'imagination humaine ne saurait la peindre ; un géant dont les membres difformes semblaient noircis par les traces ineffaçables du tonnerre de Dieu : cependant dans ses traits détestables et hideux, quoiqu'ils semblassent fort différents, je pus reconnaître ceux de la charmante vision. « Misérable ? s'écria-t-il avec une voix de » tonnerre triomphante, tu dis que tu ne veux pas être à moi? » Ah ! tu es à moi sans rédemption possible, et je triomphe » dans la conviction qu'aucune puissance ne saurait l'empê-» cher. Dis, veux-tu être à moi ? » En disant cela, il m'entraînait au bas du précipice : la vue de la mort prochaine fit dé-

lirer ma cervelle au comble de l'horreur. « Oui, oui, je suis
» à toi, » m'écriai-je. A peine avais-je prononcé ces mots, que
la vision s'évanouit et je me réveillai. »

Vers le milieu d'une nuit, Schumann se leva hagard, et
prêta l'oreille à des sonorités étranges, effrayantes, et Schubert lui apparut, porteur d'un thème qu'il voulut noter sans
retard. Le thème envoyé par les mânes de Schubert en *mi bé-
mol* majeur, parut dans le volume complémentaire des
Œuvres de Schumann, mais les variations ne furent jamais
publiées [1].

Lord Londonderry, depuis lord Castlereagh, étant allé visiter
un ami dans son château d'Irlande eut une vision. Il venait
d'éteindre sa bougie, lorsqu'il aperçut un rayon de lumière
qui éclairait le ciel de son lit. Convaincu qu'il n'y avait point
de feu dans la grille, il crut qu'un intrus s'était glissé dans la
pièce. Se tournant alors, il vit la figure d'un bel enfant entourée d'un nimbe. Lord Londonderry s'avança vers l'apparition
qui se retira devant lui, et, parvenue sous le centre de la cheminée, disparut. Il revit l'apparition d'autres fois et même,
paraît-il, le jour où il se suicida [2].

« Depuis quatre ans, dit Grétry, que dura la Révolution, j'ai,
la nuit (lorsque mes nerfs sont en mouvement), un son de
cloche, un son de tocsin dans la tête, et ce son est toujours le
même [3] ».

Voici une hallucination éprouvée par Goethe : « Pendant
que je m'éloignais doucement du village je vis, non avec les
yeux de la chair, mais avec ceux de l'intelligence, un cavalier
qui, sur le même sentier, s'avançait vers Sesenheim ; ce cavalier c'était moi-même. J'étais vêtu d'un habit gris bordé de

[1] Les Derniers jours de Schumann, par Henri Revers et Alfred Kaiser
(*Revue Blanche*, du 15 septembre 97).

[2] BRIERRE DE BOISMONT, Hall

[3] GRÉTRY, Essai sur la musique, t. III, note de la p. 133.

galons d'or, comme je n'en avais jamais porté. Je me se-
couai pour chasser cette hallucination et ne vis plus rien.
Il est singulier que huit ans plus tard, je me retrouvais sur
cette même route, rendant une visite à Frédérieque et vêtu
du même habit dans lequel je m'étais apparu ; je dois ajouter
que ce n'était pas ma volonté, mais le hasard seul qui m'avait
fait prendre ce costume (1) ».

« J'ai eu cette vision à Dresde, en 1831, le 23 mars, dit Mickiewicz, le grand poète polonais : elle est pour moi mystérieuse et incompréhensible. En me levant, je la notai en vers,
maintenant, en 1840, je la recopie pour mémoire. »

La poésie est donc la description de cette vision. Le poète
se voit marchant derrière une procession en plein air, sur la
neige. « Ceux de droite étaient vêtus de blanc, ceux de gauche d'une robe de deuil. Ces derniers marchaient avec des
cierges dirigés vers la terre, dont la flamme brûlait comme
une flèche d'or; ceux de droite n'avaient point de lumière
mais une fleur à la main. »

Une femme dont les yeux brillaient sous le voile sort des
rangs et s'arrête près de lui. Puis accourt un jeune homme
qui demande l'aumône pour son père. Le poète lui donne une
pièce de monnaie, la femme en donne le double. Le poète
donne six pièces ; elle donne le double.

« La foule accourt, nous luttons alors à savoir qui de nous
donnera davantage ; nous donnons, nous donnons, tout ce
que nous avons est passé dans les mains du jeune homme».
La foule le hue et lui dit de rendre l'argent. « Je le leur ren-
drai, dit-il, s'ils le regrettent ». Mais le poète ne veut pas reprendre l'argent donné. Pendant ce temps, le soleil s'est levé,
« la neige n'a pas fondu, mais sa blancheur est comme les
ailes d'un grand oiseau blanc qui s'envolerait et l'azur res-
plendit. Le poète sent le parfum de l'Italie, des roses et des
jasmins ; les montagnes du Palatinat odorent les roses. Il

(1) Mémoires de Gœthe, trad. Mme de Carlowitz, t. 1, p. 270.

aperçoit Ève. Autour d'elle volent des papillons. Le poëte ne peut lui parler, tant l'émotion lui serre le cœur, etc. ([1]) ».

Et le poëte, au bas de sa poésie en note, écrit : « J'ai noté ces vers tels qu'ils me sont venus sans réfléchir, et sans une rature. »

Le plus méditatif de tous les enfants de M. de Quincey, et le plus mélancolique était Thomas, petit être malingre et craintif qui avait toujours eu des rêves oppressants, et dont la mort d'une sœur préférée, fit, à six ans, un véritable visionnaire. Il était allé en secret voir sa sœur morte, et la secousse avait été trop forte pour ses nerfs débiles. Quelque temps après, comme il regardait les nuages, ceux-ci devinrent des rangées de petits lits à rideaux blancs, et dans ces lits étaient des enfants malades, des enfants mourants, qui s'agitaient avec angoisse et pleuraient pour avoir la mort ([2]). Il revit la même vision, la revit encore et en fut longtemps poursuivi.

« J'étais alors dans ma seizième année, dit Wagner, et porté principalement par la lecture d'Hoffmann, au mysticisme le plus extravagant : pendant le jour, en un demi-sommeil, j'avais des visions, dans lesquelles *la Fondamentale, la Tierce et la Quinte* m'apparaissaient en personne, et me dévoilaient leur importante signification ([3]) ».

Mme Rachilde nous écrit : « Je me souviens très distinctement d'un de mes premiers rêves d'enfant qui fut une espèce d'hallucination fiévreuse et qui dut influencer très cruellement sur mon cerveau. J'avais sept ans et une nuit je me ré-

---

([1]) Poézye Adama Mickiewicza, Petersburg, 1888. La traduction nous en a été donnée par un de nos camarades, M. Bronislawski : nous l'en remercions vivement.

([2]) Arvède BARINE, citant T. de Quincey, *Revue des Deux Mondes*, novembre 95.

([3]) Richard WAGNER, Souvenirs traduits de l'allemand par Camille Benoit, p. 10.

veillai en poussant des cris terribles parce que j'avais vu une horrible vieille femme conduisant un loup à trois pattes. Le songe se poursuivit malgré mon réveil. Je devais voir ce loup blessé perdant une grande quantité de sang sur mes draps, et depuis, durant ma petite enfance, je revis très souvent ce loup dont une patte était coupée et pendait lamentablement toute rouge. La vieille femme ouvrait et refermait les bras en me regardant et elle excitait le loup à se jeter sur moi. J'ai parlé de ce loup dans « La Princesse des Ténèbres » et je n'ai qu'à concentrer un peu mon attention sous mes paupières closes pour le revoir très en détail. »

Un homme de lettres bien connu nous cite ce fait : « Quelques jours après sa mort, j'ai vu dans mon sommeil ma mère avec une entière apparence de vérité. Cette vision a persisté durant quelques secondes après mon réveil. Mais j'avais conscience que c'était une illusion, et j'en étais très triste. »

M. Vincent d'Indy nous dit : « Je me souviens de plusieurs hallucinations dans le cours de mon existence, et surtout d'une, éprouvée dans ma jeunesse (à l'âge de dix-sept ans), qui, restée inexplicable, m'a laissé un profond souvenir. Je l'ai très présente avec tous ses détails, je ne sais si elle commença à l'état de veille, ou à la suite d'un rêve (c'était la nuit) ou si un rêve de même nature la précéda. »

« Ce qui ressort tout d'abord de l'examen de ces nombreux faits, c'est que ces hallucinations ont lieu *la nuit et durant le sommeil*. D'après Lasègue [1], on le sait, la chronologie complète du sommeil comprend cinq temps : 1° l'appétit du sommeil ; 2° le sommeil commençant qui s'étend généralement de onze heures à une heure ; 3° le sommeil dans son plein qui s'étend de une heure à trois heures du matin ; 4° le sommeil décroissant qui s'étend de trois heures à sept heures du

(1) LASÈGUE, Le Sommeil, études médicales, Paris, 1881, p. 435.

matin ; 5° l'appétit du réveil. Or, tandis que, d'après Lasègue, certains troubles névropathiques seraient liés de préférence à une période déterminée du sommeil, les terreurs nocturnes au sommeil croissant et l'épilepsie nocturne au sommeil décroissant, les hallucinations que nous étudions, elles, peuvent se produire à une phase et à une heure quelconques de la nuit, parfois même avant le coucher ou après le lever.

»Ce n'est pas exclusivement la nuit, en effet, que se produisent les hallucinations de ce genre. Elles se produisent parfois aussi le jour, mais c'est alors, ainsi que le montrent les faits, dans des conditions particulières telles que l'extrême fatigue, la méditation, les longues prières, la contemplation, l'extase, etc., c'est-à-dire dans des états comparables au rêve: comme l'a fort bien dit Maury, « l'extase constitue un véritable état de veille dans lequel les visions, les hallucinations de l'ouïe, du toucher, de l'odorat et du goût sont identiquement les fausses apparences dont le rêveur est dupe ». Aussi, quels que soient le moment et la condition organique où se manifestent ces hallucinations, c'est toujours dans l'état de rêve, éveillé ou endormi ». C'est pourquoi, les assimilant à celles des mystiques, nous les appellerons avec notre maître, M. le Dr Régis, hallucinations *oniriques* ou *de rêve*, pour les distinguer, par leur caractère essentiel, des hallucinations ordinaires.

« Le second caractère de ces apparitions, c'est d'être intermittentes. Contrairement à ce qui se passe en effet dans la plupart des vésanies pures, notamment dans la folie systématisée essentielle où les hallucinations, une fois constituées, évoluent d'une façon régulière et continue, ici, les visions ne se renouvellent que de temps à autre, à des intervalles parfois assez considérables. Parfois même la vision est unique et ne revient jamais.

En quoi consiste cette hallucination?

»Elle n'est pas à proprement parler une hallucination, c'est plutôt une sorte de scène hallucinatoire, suivie, cohérente.

Le sujet est, comme, nous l'avons vu, endormi, à demi éveillé ou plongé dans la méditation. Une apparition surgit à ses yeux, clos ou non, et presque toujours environnée de clarté. Il est rare que la scène se termine là ; même lorsqu'elle est muette, en effet, il se manifeste des signes sensibles, mots, gestes, attitudes, changements à vue, traduisant une volonté supérieure. Presque toujours s'élève une voix qui conseille, commande ou prédit. Il y a parfois aussi conversation avec l'apparition, demandes et réponses explicatives, et aussi quelquefois transport du sujet à proprement parler, ravissement, comme dans l'observation de Benvenuto Cellini, par exemple. Dès que la voix s'est éteinte, et que la communication est terminée, la vision disparaît et avec elle la clarté ; de sorte qu'il se produit dans ce drame hallucinatoire exactement ce qui se passe à la scène, où l'on voit les personnages entrer, se mouvoir et sortir dans une projection lumineuse éblouissante. Nous devons signaler encore un caractère propre à ces hallucinations : elles se reproduisent habituellement dans les mêmes conditions et sous la même forme. Ce qu'il y a aussi de remarquable, c'est l'influence profonde des visions sur l'esprit de la plupart de ceux qui les éprouvent [1] ». Ils puisent à cette source d'inspiration une énergie nouvelle pour atteindre le but désiré. Ils ont souvent la persuasion qu'une puissance supérieure les conseille et les dirige, et cette persuasion, bien digne de leur donner foi en eux-mêmes, les aide à accomplir leurs œuvres, comme si, en effet, un mystérieux pouvoir ne cessait de les entraîner.

Ces visions, d'ailleurs, ne sont pas spéciales aux producteurs de l'esprit, aux conducteurs de peuples. Nous les retrouvons chez les mystiques. Notre maître, M. le Dr Régis, a déjà longuement attiré l'attention sur les visions de ces derniers, et la partie de notre travail qui précède lui doit tout, pensée et expression, et n'est qu'une extension de son étude, appliquée au cas particulier qui nous occupe.

[1] E. Régis, Hallucinations oniriques chez les dégénérés mystiques (*Tribune médicale*, 1892).

Voici quelques observations de mystiques afin qu'on voie bien la ressemblance :

Le diable apparaît à Siméon Stylite sous la forme d'un ange resplendissant de lumière qui, monté sur un char traîné par des chevaux de feu, lui dit : « Siméon, Dieu te mande près de lui. Je suis un de ses anges et il m'envoie vers toi pour t'enlever comme autrefois Élie ! [1] ».

« Un jour, dit Anne-Marie Alacoque, que j'étais devant le Saint-Sacrement exposé sur l'autel, après m'être sentie attirée toute au dedans de moi-même par un recueillement de toutes mes puissances et de mes sens, Jésus-Christ, mon divin maître, se présenta à moi tout éclatant de gloire, avec ses cinq plaies brillantes comme cinq soleils. De son humanité sacrée sortaient des flammes de toutes parts, mais surtout de son adorable poitrine qui ressemblait à une fournaise. Au milieu de la fournaise ardente il me fit voir son tout aimable cœur qui était la source de ces flammes. Ce fut alors qu'il me découvrit les merveilles inexplicables de son amour..... je lui remontrai alors mon impuissance. A quoi il répondit : « Tiens voilà de quoi suppléer à tout ce qui te manque »; en même temps, son divin cœur s'étant ouvert, il en sortit une flamme si ardente que je pensai en devoir être consumée ». — Cette extase dura si longtemps, ajoute Languet, que les religieuses, étonnées de voir la sœur devant le Saint-Sacrement bien loin par delà le terme qu'elles devaient y rester, vinrent l'en retirer et la firent lever : mais voyant qu'absorbée encore dans l'union qu'elle goûtait avec Dieu, elle ne pouvait ni parler ni répondre, que même elle avait peine à se soutenir, elles la traînèrent à la supérieure [2] ».

« Estant un jour en oraison, dit sainte Thérèse, il plut à Jésus-Christ de me montrer ses divines mains, et nulles pa-

---

[1] SAINT ANTOINE, Vie de saint Siméon Stylite.
[2] LANGUET, Vie de cette religieuse, écrite d'après ses mémoires, in-4°, 1729, liv. 4, p. 119-120.

roles ne sont capables d'exprimer quelle en estoit la beauté...
Peu de jours après il me laissa voir son visage, dont je fus
tellement ravie, que, si je m'en souviens bien, je perdis toute
connaissance. S'estant montré à moi dans toute sa sacrée
majesté, et tel qu'on le peint ressuscité et avec une beauté
inconcevable... *Ce n'a jamais été avec les yeux corporels* que
j'ay veu cette vision, mais seulement avec les *yeux de l'âme.*
Ceux qui sont plus intelligents que moy disent que l'autre
vision dont j'ai cy-devant parlé est plus parfaite que celle-cy
et beaucoup plus que toutes celles qui ne se voyent qu'avec
les yeux corporels, qui sont, à ce qu'ils croyent, les moindres de toutes et les plus susceptibles des illusions du diable. J'avais peine, néanmoins, alors, d'en estre persuadée et
aurois désiré au contraire de voir avec les yeux du corps ce
que je ne voyais qu'avec ceux de l'âme, afin que mon confesseur ne pust pas me dire que ce n'estait qu'une imagination (¹) ».

« Le jour du vendredi, dit Luther, j'étais dans ma chambre, livré à une oraison fervente et je contemplais en mon
esprit comment Jésus-Christ fut attaché sur la croix, et comment il souffrit et mourut pour nos péchés : il apparut soudain sur le mur une image brillante de Jésus-Christ percé de
cinq plaies, et me regardant fixement comme si c'eût été
le Sauveur lui-même en présence corporelle. Au premier aspect, je pensai que c'était quelque révélation céleste, mais je
réfléchis ensuite qu'assurément c'étalt une illusion et une
ruse du diable, car Jésus-Christ nous a apparu dans sa parole et sous une forme beaucoup plus humble et plus vile.
J'adressai donc la parole à la vision en ces termes : « Fuis,
diable réprouvé, je ne connais d'autre Christ que celui qui a
été crucifié et qui s'est retracé et présenté à moi dans sa pa-

(¹) Vie de cette sainte, écrite par elle-même; traduction d'Arnauld d'An-
dilly, in-4º, 2ᵉ édition, chap. XXVIII, p. 166-67.

role. Alors, l'image disparut, montrant évidemment de qui elle était l'ouvrage (¹) ».

. Mais ces hallucinations oniriques ne sont spéciales ni aux producteurs d'œuvres, ni aux mystiques. On les retrouve également dans tous les délires toxiques, dus soit aux névroses, soit aux maladies infectieuses, soit aux poisons. « Mais elles s'y trouvent le plus souvent mobiles, fréquentes, variées, évoquant surtout des visions d'animaux ou des choses du passé et de la profession (²) ». L'hallucination onirique, telle que nous l'avons décrite, appartient surtout aux états mystiques purs et aux cas que nous avons cités.

(¹) Propos de table, trad. en français par G. Brunet, p. 378.
(²) E. Régis, *loc. cit.*

CHAPITRE III

SUBCONSCIENT A L'ÉTAT DE VEILLE

1° *Somnambulisme à l'état de veille ;*

2° *Inspiration ;*

3° *Modifications de l'état mental observées dans l'agonie.*

SUBCONSCIENT A L'ETAT DE VEILLE

———

Dans ce dernier chapitre, nous voulons étudier le subconscient interrompant la veille ou se mêlant à la veille.

C'est ici le dernier degré, presque assimilable à la double personnalité proprement dite.

Le subconscient qui, nous l'avons vu dans les cas cités jusqu'ici, se manifestait par *des apparitions* apportant une idée, une émotion créatrice, va se manifester maintenant par des actes et donner naissance à des œuvres de longue haleine. C'est là le phénomène d'inspiration, la création automatique, à un tel point que l'œuvre semble à l'auteur celle d'un étranger. Mais l'inspiration n'est que le moindre degré d'un véritable état second : le somnambulisme à l'état de veille. Dans l'inspiration, c'est comme un étranger qui dicte à l'auteur; dans le somnambulisme, c'est cet étranger lui-même qui prend la parole ou la plume, parle, écrit, en un mot, fait l'œuvre. Cet état typique, plus rarement observé, nous aidera à comprendre l'inspiration. Aussi en citerons-nous quelques exemples avant de nous occuper de cette dernière. Par des gradations insensibles, ces deux états arrivent d'ailleurs à se confondre. De l'inspiration au somnambulisme, on voit le moi conscient disparaître, submergé par la subconscience envahissante.

·

a) Somnambulisme à l'état de veille.

Voici des exemples : Celui de Socrate sera le premier ; quoique lointaine, son observation semble bien d'elle-même porter ses conclusions. On peut lire à ce sujet un article de M. Despine paru dans la *Revue philosophique*.

Nous nous contenterons de citer ce passage caractéristique d'Aulu-Gelle, sur lequel s'appuie M. Despine :

« Parmi les travaux et les exercices volontaires par lesquels Socrate cherchait à s'aguerrir contre la souffrance, voici, dit-on, une des épreuves singulières qu'il s'imposa maintes fois ; on prétend que souvent il restait debout dans la même attitude, la nuit, le jour, d'un soleil à l'autre, sans remuer les paupières, immobile à la même place, les regards dirigés vers le même point (¹) ».

On reconnaît aisément dans ce passage l'attitude d'un homme dans la catalepsie et non point dans l'état conscient que lui prête l'admiratif historien.

Mais plus près de nous : « Diderot oubliait souvent les heures, les jours et les mois, et jusqu'aux personnes avec lesquelles il avait commencé à causer ; il leur récitait de véritables monologues à la façon d'un somnambule (²) ».

En parlant d'un grand peintre anglais, Fuseli, voici ce que dit M. Burger : « Quelles furent les extases de Fuseli dans la « Ville Éternelle ! » C'est lui qui inventa de se coucher à plat dos au milieu des églises et des palais pour en contempler les peintures aux voûtes. Il passait ainsi des journées entières, étendu sur les dalles de la chapelle Sixtine, plongé dans une sorte d'ivresse ou de somnambulisme, s'imaginant que le génie de Michel-Ange descendait en lui et s'infusait dans sa personne (³) ».

Et d'un autre peintre, également anglais, voici ce que dit le même auteur : « Blake, bientôt, s'imagina qu'il subissait des influences surnaturelles, qu'il communiquait avec un monde idéal, qu'il voyait et qu'il entendait les grands hommes des

---

(¹) Aulu-Gelle, cité par Despine, *Revue philosophique*, t. IX, p. 321.
(²) Scherer, Diderot (1880), cité par Lombroso.
(³) Les peintres anglais, par V. Burger.

anciens temps, que le passé et l'avenir n'avaient plus de mystère pour lui. Ces hallucinations devinrent chroniques et il ne vécut plus que dans une continuelle rêverie. C'est à cet état de somnambulisme lucide que ses créations doivent leur originalité et quelquefois leur beauté naïve. »

Voici ce que dit de Shelley, Medwin son historien : Il rêvait tout éveillé, dans une sorte d'*abstraction léthargique* qui lui était habituelle, et après chaque accès, ses yeux étincelaient, ses lèvres frémissaient, sa voix devenait tremblante d'émotion ; il entrait dans une espèce de somnambulisme pendant lequel son langage était plutôt celui d'un esprit ou d'un ange que celui d'un homme [1].

M. Jules Bois, dans la lettre qu'il nous écrit, nous parle d'un littérateur norwégien M. K. H..., qui écrit une certaine partie de ses livres à l'état inconscient, somnambulique.

Voici enfin, l'intéressante lettre que nous écrit un romancier, M. Camille Mauclair :

« J'ai étudié la métaphysique durant cinq années, dix heures par jour, et je me suis aussi occupé des sciences psychiques, auxquelles m'induisit d'abord la lecture de Swedenborg, puis celle de Claude de Saint-Martin, et qui finirent par prendre en mon esprit la direction indiquée par William Crookes. Je note ceci pour vous faire remarquer que mon esprit en ces études ne prit nullement une tournure mystique, à la façon allan-kardecienne par exemple. Ces recherches n'ont jamais perdu un caractère psycho-physiologique. Cependant, outre certaines réalisations radiantes (luminosités cathodiques, projections médianimiques de Crookes), j'ai assez cultivé ces sciences pour en garder une sorte de somnolence spirituelle, qui fait de ma vie un « rêve permanent ». Je ne distingue pas, à ce point de vue, le sommeil de l'état de veille. Je puis dire que, non seulement les idées et les plans

[1] Félix RABBE, Vie de Shelley, Savine, 1887.

de mes livres, mais même les moindres métaphores m'en sont *dictés* dans un rêve continuel. Jamais, que ce soit prose ou vers, je n'ai fait de rature dans un manuscrit, et il ne me servirait de rien d'essayer d'en revoir la rédaction, comme je l'ai fait au début de ma carrière littéraire, où des scrupules m'engageaient à raturer et à refaire, comme tous mes confrères. J'ai vite compris que ce n'était pas manque de soin (je suis très passionné de mon art), mais volonté subjective rendant inutile toute intervention de mon sens critique et me dictant à son gré. J'ai accepté cet état et je n'en ai l'explication qu'en ceci : je dois travailler en dormant, car le matin, en me mettant à ma table, *je ne pense pas à ce que je vais écrire*, mais au prochain livre, qui, dans des mois, suivra celui que je rédige : *j'écris vite, sans jamais m'arrêter, presque comme un télégraphiste qui enregistre une dépêche.* C'est évidemment d'une façon analogue que naissent les images du rêve et les paroles que prononcent les dormeurs, jusqu'à s'éveiller par leur propre voix.

. . . .

» Je ne puis que vous citer cette phrase d'Edgar Poë, qui est pour moi le résumé parfait de ma vie : « Les réalités du monde m'affectaient comme des visions, et seulement ainsi, pendant que les idées folles du pays des songes devenaient en revanche non seulement la pâture de mon existence quotidienne, mais positivement cette unique et entière existence elle-même. »

Il est des cas intermédiaires où ce moi conscient, sans avoir disparu complètement, est relégué au second plan.

« Ses lectures continuelles, dit Théophile Gautier en parlant de Balzac, ne furent pas interrompues par le collège, et avec elles se développa la méditation extatique de la pensée, aussi en résulta-t-il pour Balzac une maladie bizarre, une fièvre nerveuse, une sorte de coma; pâle, amaigri, sous le coup d'une congestion d'idées, il paraissait imbécile. Son attitude était celle *d'un extatique, d'un somnambule, qui dort les yeux ouverts*; perdu dans une rêverie profonde, il n'entendait pas ce qu'on lui disait, ou son esprit, revenu de loin, arrivait trop tard à la réponse. »

Et Balzac dit de lui-même : « En entendant les gens de la rue, je pouvais épouser leur vie, je me sentais leurs guenilles sur le dos, je marchais les pieds dans leurs souliers percés, leurs désirs, leurs besoins, tout passait dans mon âme, et mon âme passait dans la leur : c'était le rêve d'un homme éveillé (¹) ».

M. Raffaelli nous dit de lui-même : « Par contre, si je ne dors pas bien la nuit, je suis rarement complètement réveillé pendant le jour. L'état de « rêverie », soit *l'état de rêve*, est constant, ce qui fait que souvent je ne réponds à une question que dix minutes, un quart d'heure après, à proprement parler : *lorsque je me réveille*. .

Cependant il ne faut pas pousser trop loin, et voir du sub-conscient là où il y a, au contraire, exagération d'attention consciente. Il y a lieu d'établir entre ces états exatiques ou de somnambulisme la même distinction qu'ont établi MM. Pitres et Régis (²) entre l'obsession involontaire des malades et l'ob-session volontaire des savants et des artistes. Il y a, parfois, au lieu d'inconscience, une conscience concentrée (au point de vue des observateurs superficiels, comme c'est le cas pour beaucoup de chroniqueurs rapportant les faits et gestes d'un grand homme, il y a des ressemblances). La difficulté est de démêler ce qui appartient au subconscient, et ce qui appartient au conscient. A distance, cela paraît impossible dans certains cas. Qui pourra dire, en effet, en lisant ce qui va suivre à quoi l'on a véritablement affaire ?

.

(¹) Th. GAUTIER, « Honoré de Balzac » dans l'*Artiste* et le *Moniteur uni-versel* du 23 mars 1858.

(²) PITRES et RÉGIS, Mémoire sur les obsessions pour le Congrès de Moscou, 1897.

Beethoven, au retour de ses excursions dans les forêts, oubliait souvent ses vêtements sur l'herbe et souvent aussi il lui arriva de sortie tête nue. Une fois, il fut, dans cet état, arrêté à Neustadt et conduit en prison comme un vagabond. Si son directeur de théâtre n'était accouru pour le délivrer, il aurait pu y demeurer longtemps, car personne ne voulait croire, malgré ses cris, que ce fût là Beethoven.

Si l'on prend d'autres exemples, il y a des probabilités en faveur de l'hypothèse d'une attention consciente poussée à ses dernières limites, ainsi dans ces cas :

Hegel termina tranquillement la Phrénologie de l'Esprit à Iéna, le 14 octobre 1806, sans même s'apercevoir que la bataille faisait rage autour de lui.

Goethe poursuivait ses observations et ses expériences sur la théorie de la couleur à Valmy, sans se laisser distraire par le bruit du camp et le tumulte de la bataille, sans même songer que sa vie était en danger [1].

Et enfin, voici un cas, où l'attention profonde est certaine : « J'ai vu, dit Carpenter, John Stuart Mill passer le long de Cheapside l'après-midi, lorsque cette rue est pleine de monde et circuler sans peine sur le trottoir étroit sans coudoyer personne ni se heurter aux becs de gaz, et lui-même m'a assuré que son esprit était tout occupé de son système de logique, dont il avait médité la plus grande partie en allant chaque jour de Kensington aux bureaux de la Compagnie des Indes, et qu'il avait si peu conscience de ce qui se passait autour de lui, qu'il ne reconnaissait pas ses meilleurs amis [2] ».

Ce qui est subconscient, dans ce cas, c'est le travail mental nécessaire pour éviter les passants, ne pas se cogner aux

---

[1] WARREN et BABCOCK, L. of nervous mental, 1895, n° 12.
[2] Rapporté par Janet, Automatisme psychologique.

becs de gaz, en un mot se guider dans une rue populeuse. Il
y a automatisme des centres inférieurs.

Cette vie d'abstraction, il est vrai, devient comme une
seconde personnalité, ainsi que le dit Schopenhauer qui connaissait le phénomène pour l'avoir éprouvé.

« *L'abstraction*, dit-il, constitue une existence séparée,
indépendante, une nouvelle vie qui donne à son possesseur
une double personnalité (¹). »

b) Inspiration.

Nous arrivons maintenant à l'*inspiration* proprement dite.
Nous allons, suivant encore en cela la manière adoptée dans
le cours de notre travail, commencer par citer les faits et
nous les interpréterons, ou plutôt nous les laisserons eux-
mêmes parler.

Voici la fameuse lettre de Mozart dans laquelle il indique
sa manière de composer : « J'arrive maintenant à la question
la plus embarrassante de votre lettre, je voudrais bien la
laisser de côté, car ma plume ne me sert pas volontiers sur
de pareils sujets, je veux cependant essayer, dussiez-vous
trouver à rire dans mes explications. Vous me demandez
donc comment je travaille et comment je compose les grands
et importants sujets ? Je ne puis en vérité vous dire plus que
ce qui suit, car je n'en sais pas moi-même plus long et ne
peux trouver autre chose. Quand je me sens bien et que je
suis de bonne humeur, soit que je voyage en voiture ou que
je me promène après un bon repas, ou dans la nuit quand je
ne puis dormir, les pensées me viennent en foule et le plus
aisément du monde. D'où et comment m'arrivent-elles ? Je
n'en sais rien, je n'y suis pour rien. Celles qui me plaisent,
je les garde dans ma tête et je les fredonne, à ce que du

(¹) Schopenhauer, cité par Warren L. Babcock L. of nervous mental, 1895
n° 12.

moins m'ont dit les autres. Une fois que je tiens mon air, un autre bientôt vient s'ajouter au premier, suivant les besoins de la composition totale, contrepoint, jeu des divers instruments, etc., etc., et tous ces morceaux finissent par former le pâté. Mon âme s'enflamme alors, si toutefois rien ne vient me déranger. L'œuvre grandit, je l'entends toujours et la rends de plus en plus distincte, et la composition finit par être tout entière achevée dans ma tête, bien qu'elle soit longue. Je l'embrasse ensuite d'un seul coup d'œil, comme un beau tableau ou un joli garçon ; ce n'est pas successivement dans le détail de ses parties comme cela doit arriver plus tard, mais c'est tout entière dans son ensemble que mon imagination me la fait entendre. Quelles délices pour moi ! Tout cela, l'intervention et l'exécution, *se produit en moi comme dans un beau songe très distinct. Ce qui s'est fait ainsi* ne me sort plus facilement de la mémoire, et c'est peut-être le don le plus précieux que notre Seigneur m'ait fait. Si je me mets ensuite à écrire, je n'ai plus qu'à tirer du sac de mon cerveau *ce qui s'y est accumulé précédemment comme je l'ai dit*. Aussi le tout ne tarde guère à se fixer sur le papier. Tout est déjà parfaitement arrêté et il est rare que ma partition diffère beaucoup de ce que j'avais auparavant dans ma tête. On peut sans inconvénient me déranger pendant que j'écris ; on peut aller et agir autour de moi, je continue d'écrire ; je peux parler de poules, d'oies, de Gretchen, de Barbe, etc. Comme maintenant, pendant mon travail, mes œuvres prennent la forme ou la manière qui caractérisent Mozart et ne ressemblent à aucune autre; cela arrive ma foi, tout comme il se fait que mon nez est gros et crochu, le nez de Mozart enfin et non celui d'une autre personne. Je ne vise pas à l'originalité et je serais même bien embarrassé pour définir ma manière. Il est tout naturel que les gens qui ont réellement un air particulier paraissent aussi différents les uns des autres au dehors qu'au dedans. Ce que je sais bien toutefois, c'est que je ne me suis pas plus donné l'un que l'autre. Ne m'interrogez plus sur ce sujet, cher ami, et croyez que si je m'arrête c'est que je n'en sais pas plus long. Vous ne vous imaginez pas, vous qui êtes un savant, combien ces explications m'ont coûté (1) ».

Alfieri a quitté Rome pour échapper aux obsessions de son douloureux amour, et voici les termes dont il se sert au sujet de ses productions poétiques à cette époque : « Dans ce voyage de Sienne à Venise, je fis une grande quantité de vers remplis de la plus tendre passion. Je faisais presque tous les jours un ou plusieurs sonnets. Les idées se présentaient à mon imagination avec une extrême impétuosité, et je me sentais entraîné. »

Et plus loin, voici ses propres termes : « Il faut ici que, pour l'intelligence du lecteur, j'explique ce que j'entends par ces mots : concevoir, développer et mettre en vers...

» J'appelle *concevoir*, distribuer le sujet en actes et en scènes, fixer le nombre des personnages et tracer en deux pages de prose ce qu'ils feront et diront scène par scène. J'appelle *développer*, reprendre d'abord ces premiers feuillets, dialoguer en prose les scènes qui n'étaient qu'indiquées, sans rejeter une pensée, telle qu'elle puisse être, et écrire avec toute la verve dont on est susceptible, sans s'embarrasser de quelle manière on écrit. J'appelle enfin *versifier*, non seulement mettre cette prose en vers, mais, quelque temps après, à tête reposée, choisir, parmi ces longueurs d'un premier jet, les meilleures pensées et les revêtir des formes poétiques.

» Je me suis soumis à ce mécanisme, et je suis convaincu qu'il fait, seul, plus que les deux tiers de l'ouvrage.

» En effet, après un certain intervalle de temps, si, en reprenant mon papier, je me sentais *assailli* par une foule de pensées, qui me forçaient, pour ainsi dire, à écrire, je regardais l'esquisse déjà faite comme bonne. Si je ne sentais pas un enthousiasme égal au moins à celui que j'avais

(1) MOZART, par Jahn, vol. III, p. 124-125.

éprouvé quand je l'avais conçu, je le changeais ou je le jetais
au feu. Lorsqu'une fois, j'avais regardé ma première idée
comme bonne, je la crayonnais avec la plus grande rapidité,
j'écrivais quelquefois deux actes par jour, ou au moins un,
et, au sixième jour, ma tragédie était, je ne dirai pas, *faite*,
mais *née*.

Et encore: il venait de parcourir les lettres de Pline le
Jeune, qui lui avaient beaucoup plu. Cette lecture achevée, il
prit le Panégyrique de Trajan, du même auteur, qui lui plut
beaucoup moins. « J'en eus, dit-il, un mouvement d'indigna-
tion. Je jetai, sur le champ, mon livre, je me mis sur mon
séant, je pris la plume avec colère, et m'écriai à haute voix :
« Mon cher Pline, si tu étais véritablement l'ami, le rival et
l'admirateur de Tacite, voici comme tu aurais dû parler à
Trajan ». Et sans attendre, ni réfléchir, j'écrivis, comme un
fou, de verve, tout ce qui venait au bout de ma plume, et je
me trouvai avoir écrit quatre pages de ma très fine écriture.
Enfin, las et revenu de mon *ivresse*, quant à l'effusion de mots
que j'avais jetés sur le papier, je quittai la plume et de toute la
journée je n'y pensai plus. Le lendemain, matin, je repris mon
Pline, ou pour mieux dire ce Pline qui était si déchu à mes
yeux depuis le jour précédent. Je voulus continuer de lire son
Panégyrique; je n'en parcourus que quelques pages avec les
plus grands efforts; mais il me fut impossible de poursuivre.
Je voulus relire alors ce morceau de panégyrique que j'avais
écrit dans le délire : il me plut, m'enflamma bien plus que
la première fois, et d'une plaisanterie je fis ou je crus faire
une chose très sérieuse. Je distribuai mon sujet le mieux que
je pus; et, sans perdre haleine, j'écrivais tous les matins,
autant que le permettait ma vue, qui s'obscurcit après une
couple d'heures de travail d'enthousiasme. J'y pensais pendant le reste de la journée, comme il m'arrive toujours,
quand je ne sais quel pouvoir inconnu me donne cette fièvre
d'enfantement et de composition. Je le trouvai achevé à la
cinquième matinée, du 13 au 17 mars ; et avec très peu de
changements, que la lime y porta, je l'imprimai.

» Ce travail m'avait agité l'esprit et avait presque suspendu mes cruelles douleurs. Je me convainquis alors, par expérience, que pour pouvoir supporter les peines dont mon âme était oppressée, et en attendre le terme sans succomber, il me fallait faire des efforts et contraindre mon esprit à un travail quelconque. Mais mon esprit plus libre et plus indépendant que moi ne veut jamais obéir, au point que si, avant de prendre ses ordres, j'avais voulu faire un panégyrique de Trajan, il n'aurait pas réuni deux idées. »

Et plus loin, voilà ce qu'il dit encore : « Je n'avais pas eu tant de force dans le mois de septembre de l'année précédente pour résister à une nouvelle, ou pour mieux dire, à une ancienne et très forte impulsion renouvelée, que j'éprouvai pendant plusieurs jours, et à laquelle enfin je fus obligé de céder. J'écrivis le plan de six comédies à la fois. J'avais toujours pensé à m'essayer dans cette carrière. Je m'étais décidé à en faire douze ; mais les contre-temps, les chagrins, et surtout l'étude desséchante d'une langue aussi abondante que la langue grecque m'avait épuisé le cerveau ; et je croyais qu'il m'était désormais impossible de rien inventer. Ainsi je n'y pensai plus. J'ignore comment il se fit que, dans le moment le plus triste de ma vie, celui où nous tombions dans un esclavage d'où il était impossible de sortir, dans un moment où je n'avais plus ni temps, ni moyens pour exécuter ce que je voulais entreprendre, mon esprit se releva. Je me sentis enflammé tout-à-coup d'un feu créateur, et, dans une de mes promenades, je conçus à la fois mes quatre premières comédies qui, dans le fond, n'en forment qu'une, car elles tendent au même but par des moyens différents. En rentrant chez moi, je les ébauchai ; et le lendemain je voulus voir si je ne pourrais pas m'essayer dans un genre différent.

» Je fis le plan de deux autres, dont la première est tout à fait étrangère à l'Italie, et la seconde, la véritable comédie italienne actuelle.

» Je les écrivis (les six comédies) comme je les avais conçues, six jours au plus pour chacune. Mon imagination s'échauffa si vivement, et les fibres de mon cerveau éprouvèrent une tension si forte, que je ne pus achever la cinquième sans tomber grièvement malade (¹) ».

Haydn éprouvait, comme Newton, le besoin de la solitude ; pour lui, le monde était circonscrit dans l'horizon de sa chambre. Assis dans son fauteuil, il n'avait que son piano pour confident de ses inspirations, et lorsqu'il les trouvait paresseuses, il jetait les yeux sur la bague que le grand Frédéric lui avait donnée et qu'il ne quittait jamais. Alors son imagination se transportait au milieu des chœurs célestes, dont il a révélé à la terre les divines harmonies, et le chef-d'œuvre sortait de cette singulière contemplation (²).

Pour Gluck, ce fut en plein soleil, au milieu d'une prairie où il faisait transporter son piano, qu'il composa ses deux « Iphigénies ».

« Il faut que vous me disiez comment vous faites votre musique», demandait un jour Tronchin à Grétry. — Mais, comme on fait des vers, un tableau ; je lis, relis vingt fois les paroles que je veux peindre avec des sons ; il me faut plusieurs jours pour échauffer ma tête ; enfin, je perds l'appétit, mes yeux s'enflamment, l'imagination se monte. Alors, je fais un opéra en trois semaines (³).

« Il est des hommes de génie, dit Lombroso, qui, pour se livrer à la méditation, se mettent artificiellement dans un état de semi-congestion cérébrale. Ainsi Schiller plongeait ses pieds dans la glace. Pitt et Fox préparaient leurs discours après des excès de porter. Paisiello composait enseveli sous une montagne de couvertures. Milton et Descartes s'enfonçaient la tête dans un canapé ! Bonnet se retirait dans une

---

(¹) Mémoires de Victor Alfiéri, traduits par M. X... (Firmin Didot, 1862).
(²) BRIERRE DE BOISMONT, Hallucinations.
(³) BRIERRE DE BOISMONT, loco citato.

pièce froide, la tête enveloppée de linges chauds. Cujas travaillait ventre à terre sur le tapis.

On a dit de Leibnitz « qu'il méditait horizontalement », tellement cette attitude lui était nécessaire pour se livrer au travail de la pensée. Milton composait, la tête renversée sur son fauteuil. Thomas et Rossini composaient dans leur lit. Rousseau méditait la tête au soleil en plein midi.

Plusieurs auteurs, qui se sont étudiés eux-mêmes, et qui ont parlé de leur inspiration, nous l'ont décrite comme une fièvre douce et ravissante, pendant laquelle leur pensée devient rapidement et involontairement féconde et éclate comme une étincelle d'un tison allumé!

Telle est la pensée que Dante a gravée dans ces trois vers admirables :

« . . . . I mi son un che, quando
Amore spira, noto : ed in quel modo
Che detta dentro vo significando (¹).

Napoléon disait que le sort des batailles est le résultat d'un moment, d'une pensée cachée; le moment décisif apparaît, l'étincelle éclate et l'on tient la victoire (Moreau).

Les plus belles poésies de Fuh, écrit Bauer, furent dictées pendant que le poëte était dans un état intermédiaire entre la folie et la raison; aux moments où il dictait des strophes sublimes, il était incapable du plus simple raisonnement (²).

Schopenhauer s'exprime ainsi : « Comme garantie de la solidité et de l'exactitude de ma philosophie, ce fait peut servir : ce n'est point moi qui l'ait créée, mais elle s'est créée en moi. Mes postulats philosophiques se sont produits chez moi, sans mon intervention, dans les moments *où ma vo-*

(¹) « Je suis ainsi fait, que l'amour m'inspire, je note; et selon qu'il parle en moi, je m'exprime. »

(²) LOMBROSO, L'Homme de Génie, p. 26.

lonté était comme endormie, et mon esprit non dirigé dans une direction prévue d'avance.

» Il a saisi les impressions du monde réel et les a forcé de marcher parallèlement à sa pensée, et cela encore sans mon intervention. Avec la volonté disparait l'individualité. *Ainsi ma personne était comme étrangère à l'œuvre.* Le monde objectif a choisi mon cerveau comme arène parce qu'il le trouvait préparé à sa venue. J'ai noté en qualité de simple enregistreur tout ce qui dans le moment se présentait à ma connaissance sans le secours de ma volonté, et ensuite j'ai utilisé ces notes pour mes œuvres. »

Et encore : « Quand mon intelligence avait touché à l'apogée, si, par des circonstances favorables, elle était portée à sa plus forte tension, elle pouvait alors embrasser n'importe quel objet : elle enfantait souvent des révélations et donnait naissance à un enchaînement de pensées bien dignes d'être conservées ([1]) ».

Dans sa vieillesse avancée, il demeurait étonné de son œuvre et particulièrement du quatrième livre de « Le monde comme représentation et comme volonté », comme de la production d'un homme tout à fait différent.

Excité par une poésie lue pour son éloge par le poète polonais Slowacki, Mickiewicz répondit ces vers.

Je ne fais pas de vers, je ne compose pas de rimes,
J'ai tout écrit comme je vous parle maintenant
Il suffit que je me frappe la poitrine pour que l'inspiration jaillisse
Ce n'est pas un mérite, car c'est Dieu qui me fait ce don
Et c'est là l'unique chemin qui conduit à la vérité et à l'action

Et un biographe s'exprime en ces termes en parlant du même poète : « Ayant éprouvé dans sa vie plusieurs visions extraordinaires et précises que créait son imagination riche et plastique, prophétisant souvent les faits historiques,

([1]) Schopenhauer, cité par Lombroso, L'Homme de Génie, p. 126.

Mickiewicz croyait fermement à la possibilité de l'inspiration venue soit directement de Dieu, soit des esprits bons ou mauvais qui entourent toujours l'homme et surveillent sa pensée ([1]) ».

Mme Necker de Saussure s'exprime ainsi, en parlant de sa parente Mme de Staël : « Je n'ai jamais compris où elle prenait du temps pour méditer ses ouvrages, l'organisation de sa vie prouve même qu'elle ne consacrait particulièrement aucun moment à la réflexion. Elle m'a toujours développé le plan de son prochain écrit et nous discutions ce plan en détail. Une fois à Genève il m'arriva de lui dire : « Mais vous qui dormez toute la nuit et qui agissez ou causez tout le jour, quand avez-vous donc songé à cette ordonnance ? » — « Eh mais! dans ma chaise à porteurs », me répondit-elle en riant. Or, dans cette chaise à porteurs, elle n'y était jamais plus de cinq minutes, cependant elle avait déterminé le titre et la matière de tous les chapitres. »

. . . .

« Tous les genres de musique ne lui plaisaient pas. Les airs dont le rythme et la mélodie sont marqués faisaient seuls impression sur elle.

» Elle s'impatientait comme d'une espérance trompée de tout ce qui ne l'attendrissait pas, mais elle éprouvait aussi quelquefois d'inconcevables ravissements. Je l'ai vue fondre en larmes en écoutant la romance de Marie Stuart, exécutée par des instruments à vent, et comme les impressions vives étaient créatrices chez elles, c'est pendant qu'elle entendait certains airs touchants ou sublimes que lui est venue comme d'en haut l'idée de ses morceaux les plus poétiques ([2]). »

T. de Quincey dit, dans un de ses ouvrages : « Dieu parle à

([1]) Cette traduction est due à l'obligeance de M. Bronislawski que nous remercions vivement.

([2]) Notice sur la vie et les ouvrages de Mme de Staël par Mme Necker de Saussure précédant ses Mémoires.

l'enfant par ses rêves, et aussi par les oracles qui le guettent dans les ténèbres... Mais c'est surtout dans la solitude que Dieu entre avec l'enfant dans une communion que rien ne vient troubler [1] ».

Voici des vers de Musset qui rendent un compte exact du même phénomène :

> Au moment du travail, chaque nerf, chaque fibre
> Tressaille comme un luth que l'on vient d'accorder
> On n'écrit pas un mot que tout l'être ne vibre
>
> .   .   .   .
>
> On ne travaille pas, on écoute, on attend.
> *C'est comme un inconnu qui vous parle à l'oreille.*

Lamartine disait souvent : « Ce n'est pas moi qui pense ; ce sont mes idées qui pensent pour moi [2] ».

M. Blaze de Bury, dans une étude sur Chopin, dit : « Un jour George Sand partit pour explorer quelque site sauvage de l'île ; un orage terrible éclata, Chopin, qui savait sa chère compagne égarée au milieu des torrents déchaînés, en conçut une telle inquiétude qu'une crise nerveuse des plus violentes se déclara. Il se remit pourtant avant le retour de la promeneuse ; n'ayant pas mieux à faire, il revint à son piano et y improvisa l'admirable prélude en *fa* mineur [3] ».

Tolstoï, dans ses Souvenirs, s'exprime ainsi : « Je m'imaginais encore que j'allais mourir, et je me représentais la stupéfaction de saint Jérome ne trouvant plus qu'un cadavre. Me souvenant des contes et légendes de Natalia Savichna, d'après lesquels l'âme d'un mourant demeure quarante jours dans la maison, j'erre en imagination dans la chambre, et je surprends les larmes de Lioubotchska, les entretiens de

---

[1] T. DE QUINCEY, The affliction of Childhood.
[2] LOMBROSO, L'Homme de Génie, p. 27.
[3] Chopin par BLAZE DE BURY, *Revue des Deux Mondes*, du 15 octobre 1883.

papa et de saint Jérôme. « C'était un gentil garçon, dit papa, avec des larmes dans les yeux ». — « Oui, répond saint Jérôme, mais un fameux galopin ». — « Respectez-le au moins mort, reprend papa, car vous êtes cause qu'il s'en est allé. Vous l'avez effrayé, il n'a pu supporter l'idée de la honte que vous vouliez lui infliger..... Sortez d'ici, gredin ! ». Et saint Jérôme tombe à genoux, pleure et demande pardon. Les quarante jours sont passés et mon âme s'envole au ciel. Alors quelque chose m'apparaît, comme une forme merveilleusement belle, blanche, longue et transparente, je sens que c'est ma mère. Elle m'entoure, me caresse, une sorte de trouble m'envahit : « Si c'est vraiment toi, dis-je, fais que je puisse t'embrasser ». Et sa voix me répond : « Ici, nous sommes tous comme cela. Enfant, je ne peux pas t'embrasser mieux. Est-ce que tu n'es pas bien ici, dis ? » — « Oh si, je suis très bien, seulement tu ne peux pas me chuchoter et je ne puis embrasser tes mains ».— « Ce n'est pas nécessaire ici; c'est bien, même comme cela ». Et je sens vraiment que c'est bien comme cela, et je vole avec elle plus haut, toujours plus haut.

» Mais, *comme si tout à coup je m'éveillais,* voilà que je me retrouve seul, dans ma chambre noire, sur la malle, les yeux encore humides de larmes, le cerveau vide d'idées, me répétant à moi-même : « Et nous volons plus haut, toujours plus haut [1] ».

Et plus loin : « J'étais sérieusement occupé, mais tout à coup une odeur de printemps m'arrive par la fenêtre. Mes mains involontairement lâchent mes livres : mes pieds d'eux-mêmes commencent à remuer, et me voilà marchant, de long en large, dans la chambre. Dans ma tête il semble qu'un ressort, ayant été poussé tout à coup a permis à une certaine machine de fonctionner et aux idées de se suivre, se pressant, se chassant l'une l'autre, fuyantes et lumineuses

[1] Comte L. Tolstoï, Mes mémoires, traduction Halperine 1887, p. 185.

comme l'éclair..... Et ainsi se passe une heure, puis deux, sans même que je songe à le remarquer (¹) ».

M. Rémy de Gourmont nous écrit : « Il m'est impossible de dire si je dois au rêve ou à la veille les idées de romans, poèmes, contes, puisque la raison raisonnante n'intervient qu'après coup pour ordonner des conceptions d'abord inconscientes et qui ont surgi sur le plan de la conscience absolument comme un éclair ou un vol d'oiseau. »

« Mi pouèmo, nous écrit M. Frédéric Mistral, per long que siegon, lis ai touti trouva e rima o mes en obro en *caminant*. Ai jamai ges fa de vers en estènt asseta ; l'espiracioun véritablo, l'ai toujour agudo en permenado à travès de champ, e mi permenado an liò a la toumbado dòu jour. Crese que lou balan dou cors es favourable à congreia lou ritme de l'idèio (²) ».

« Ma première maladie guérie, nous écrit M. S..., dans la lettre dont nous avons déjà cité une grande partie au sujet des rêves, il se déclara une dyspepsie. Pendant deux mois, je fus au régime du lait. Il en résulta un grand affaiblissement de mon être physique, mais aussi une certaine spiritualisation du cerveau favorable au travail de l'esprit. C'est dans cet état que je conçus subitement deux œuvres dramatiques d'un genre nouveau, où il me parut qu'enfin je trouverais le moyen d'exprimer sous une forme objective et palpable, c'est-à-dire pour les autres et non point seulement pour moi, l'idéal humain et l'idéal d'art que j'ai rêvé. Je fis immédiatement, malgré ma grande faiblesse physique qui m'empêchait presque d'écrire, l'esquisse de ces deux drames,

---

(¹) Tolstoï, *Loc. cit.*, p. 256.

(²) Mes poèmes, pour longs qu'ils soient, je les ai tous composés en cheminant. Je n'ai jamais fait de vers étant assis. L'inspiration véritable, je l'ai toujours eue en promenades à travers champs. Je me promène à la tombée du jour. Je crois que le balancement du corps est favorable à faire naître le rythme de l'idée.

sous forme de scénarios très condensés. La nuit je ne dormais pas, mais dans mon insomnie, les yeux fermés, je voyais se dérouler devant moi les actes et les scènes successives de ces deux drames. Je les vivais avec une extraordinaire sympathie, comme si je me fusse trouvé dans tous les personnages à la fois. *Aucun effort, cela marchait tout seul. J'étais au spectacle et je regardais ce qui se passait sur la scène, dans une attente anxieuse et passionnée de ce qui allait suivre. Et cependant je sentais que j'étais l'auteur de tout ce qui se jouait là-bas et que cela venait du fond de moi-même.* »

« Quand il est lancé, dit M. F. Regnault, en parlant de M. Saint-Saëns, après une réflexion et une recherche prolongées, les idées musicales viennent toutes seules, et à flot. Cela vient partout, même au mileu de la foule. De même quand il était jeune, il entendait son inspiration se dérouler, il n'avait que la peine d'écouter, tout comme Socrate pour son génie. Mais pour produire l'œuvre, il lui faut élaguer dans ces conceptions, ne retenir que le bon (¹) ».

Voilà les faits. Il nous reste à les interpréter. Dans certaines de ces observations, nous saisissons pour ainsi dire au vol le mécanisme du phénomène. « Dans ma tête, dit Tolstoï, il me semble qu'un ressort ayant été poussé, a tout à coup permis à une certaine machine de fonctionner et aux idées de se suivre, se pressant, se chassant l'une l'autre, fuyantes et lumineuses comme l'éclair. Et ainsi passe une heure, puis deux, sans même que je songe à le remarquer. »

Après une émotion, après un travail sans doute mûri subconsciemment dans le cerveau au repos, ou après certaines excitations, il se produit une sorte de déclanchement automatique, les idées se pressent :

« Elles se présentaient à mon imagination, dit Alfieri, avec une extrême impétuosité, tellement que je me sentais entraîné. »

(¹) *Médecine moderne* du 17 avril 1897.

C'est bien là, comme nous le disions au début de ce chapitre, l'ébauche du somnambulisme. Autre ressemblance entre ces deux états : ils peuvent tous les deux être spontanés ou provoqués. De même qu'il y a un somnambulisme spontané, il y a une inspiration spontanée. Cette dernière a lieu généralement après une émotion puissante ; autre analogie avec certains phénomènes de somnambulisme. De même qu'il y a un somnambulisme provoqué, il y a une inspiration provoquée. Que sont en effet ces moyens si divers employés par les artistes créateurs, sinon une provocation de l'état, béni de ceux qui l'ont éprouvé, parce qu'il leur apporte les jouissances ineffables de la création ?

Il y a aussi un début de dédoublement de la personnalité, un simple début, car le moi conscient relégué au second plan, sans résister, s'étonne. Il y a un moi qui crée et un autre qui « écoute » qui « attend » ; il y a un moi qui se sent « entraîné » et un autre qui est surpris de cet entraînement jusqu'à croire qu'une volonté étrangère en est la cause.

La participation du subconscient dans la création inspirée a été indiquée par tous ceux qui ont abordé la question.

Voici ce que dit de Hartmann, en parlant de l'homme talentueux : « Il n'a pas senti le souffle vivifiant de l'Inconscient que la conscience regarde comme une inspiration supérieure et inexplicable, qu'elle doit reconnaître comme un fait sans en pénétrer le mystère ». Et plus loin il dit encore : « L'artiste doit préparer d'avance dans son esprit le terrain sur lequel tomberont les germes semés par l'Inconscient pour qu'ils s'épanouissent en une riche végétation de formes vivantes (¹). »

Avant lui, Shelling avait dit : « Comme l'artiste est sollicité involontairement et en quelque sorte malgré lui à la production (d'où vient le proverbe ancien : *Pati Deum*, et d'autres du même genre, ainsi que l'idée qui attribuait l'inspiration à quelque souffle étranger), ainsi les matériaux de son

---

(¹) De Hartmann, Philosophie de l'Inconscient.

œuvre lui sont fournis sans son concours et comme provenant du dehors (¹) ».

Avec Carrière, il définissait ainsi la création artistique : « une action réciproque et constante de l'activité inconsciente et de l'activité consciente qui sont également indispensables. »

Et enfin M. Ribot, dans sa « Psychologie des Sentiments », dit aussi :

« ... L'inconscient qui produit ce qu'on nomme vulgairement l'inspiration. Cet état est un fait positif qui s'accompagne de caractères physiques et psychiques qui lui sont propres. Avant tout, elle est impersonnelle et involontaire ; elle agit à la façon d'un instinct, quand et comme il lui plaît, elle peut être sollicitée et non conquise. Pour la création originale, ni la réflexion ni la volonté ne la suppléent. Il y a de nombreuses anecdotes sur les habitudes des artistes pendant qu'ils composent : marcher à grands pas, être étendu dans son lit, chercher l'obscurité complète ou la pleine lumière, tenir les pieds dans l'eau ou dans la glace, la tête en plein soleil, user du vin, de l'alcool, des boissons aromatiques, du haschich et autres poisons de l'intelligence, etc. A par quelques bizarreries difficilement explicables, tous ces procédés poursuivent le même but : créer un état physiologique particulier, augmenter la circulation cérébrale pour provoquer ou maintenir l'activité inconsciente (²). »

On remarquera sans doute que nous avons omis de parler de cette excitation par les poisons de l'intelligence, tels que l'alcool, l'opium, le haschich. Nous l'avons fait à dessein, ne voulant pas élargir notre cadre outre mesure.

Mais des monographies ont paru à ce sujet, et les effets de ces poisons ont été suffisamment étudiés par de nombreux observateurs, pour que nous puissions y renvoyer nos lecteurs. Qu'il nous suffise de dire que leur influence sur les

(¹) SHELLING, Idéalisme transcend., p. 159-160.
(²) RIBOT, Psychologie des Sentiments, p. 351.

œuvres de l'esprit, pour le malheur de ceux qui en usent, est souvent une influence favorable, du moins au début. Ils sont un fouet pour le subconscient, et ce subconscient, nous l'avons vu, est source d'œuvres. Quoi de plus naturel alors que leur abus pour des cerveaux dont la seule joie, la raison d'être est de s'épancher infatigablement hors de la vie réelle et consciente ?

L'abus de l'alcool et en général des excitants artificiels est une triste conséquence de la division du travail dans les sociétés civilisées et de la lutte pour la vie rendue plus âpre par la concurrence vitale. Aux cerveaux qui ont besoin d'être surmenés pour pouvoir produire, il faut du poison, et le poison appelle le poison.

C'est avec le même moyen que les hommes combattent leurs différentes tristesses ; l'excitant artificiel fait oublier au malheureux sa vie d'oppression, et au blasé le dégoût de de sa vie quotidienne. L'un et l'autre se font des songes et développent leur subconscient afin de fuir leur moi conscient qui les obsède, l'un de sa misère, l'autre de son ennui.

e) Modifications de l'état mental observées dans l'agonie.

Il nous reste à parler de certains états psychiques observés dans l'agonie, états analogues à ceux cités dans le cours de notre travail. Citons des exemples dus en grande partie au livre de M. Lauvergne « De l'agonie et de la mort ».

« J'ai connu, dit cet auteur, des hommes, des esprits inventeurs pour qui les heures révélantes de l'agonie ont été des instants d'inspiration heureuse pour ce qui leur restait à faire; ils auraient, selon leur dire, accouché enfin du prodige qui les occupa trente ans, s'ils avaient pu revenir à l'existence. »

« Un poète rêvait jour et nuit d'un chant nouveau de la Messiade, et selon ses révélations soudaines, il élargissait encore le cadre magnifique de Klopstock. Il s'éteignit comme un ange, au lever du soleil, un jour où d'une voix sonore et avec une lucidité phénoménale, il se mit à nous faire parcourir l'élément hébreu, grec et romain comme renfermant les vérités infaillibles du christianisme. Il s'endormit dans une sorte d'extase au milieu de sa rêverie métaphysique [1].

« Un jeune artiste, dit Lauvergne, vit son génie lui apparaître dans les paroxysmes prophétiques du long mal qui consume. Comme pour lui reprocher ses folles ardeurs il modulait à ses oreilles des mélodies inconnues. « Je les entends, disait le pauvre artiste, et si je pouvais les rendre, je léguerais au monde le chef-d'œuvre des chefs-d'œuvre. » Il s'éteignit lentement, et dans l'extase on l'entendait répéter : O mon Dieu! que c'est beau. Oh! encore, toujours, là, là, là [2].

Le même auteur parle d'un jeune virtuose : « M... commençait par chanter tous les airs que sa mémoire pouvait lui rappeler; quelquefois il les chargeait de points d'orgue et de fioritures. Lorsqu'il avait trouvé un effet plus harmonieux que celui de son thème, il y revenait, s'y complaisait et paraissait alors, en s'écoutant lui-même, tout entier livré à une sorte d'extase.

» Il avait dit qu'il mourrait un samedi au soir, afin de voir du haut des cieux le lever du soleil par un beau jour de dimanche.

» Le samedi, à neuf heures du matin, après avoir embrassé le confesseur qui venait de l'administrer, il fit tirer les rideaux et pria sa garde de ne point le tourmenter en le forçant de boire et surtout d'avaler de vilaines drogues qui l'empêcheraient de s'endormir quelques jours plus tôt. A trois heures du soir, notre malade commença à psalmodier quelques airs que nous savions appartenir à Hændel, et en

(1) LAUVERGNE, L'agonie et la mort, 2 vol.
(2) LAUVERGNE, loc. cit., t. II, p. 131.

particulier la cantate de la « Chute des Anges ». Vers cinq heures, sa voix, naguère frêle et tremblante, prit un timbre sévère
et majestueux. C'est alors que, inspiré par son bon ange gar-
dien, il composa — c'est le mot — un *Stabat Mater* où respirait la grande et sublime tristesse de la mère du Christ. J'ai
entendu depuis ce moment des hymnes remarquables,
nommées par leurs auteurs des stabats, mais j'avoue que
nulle de ces compositions, chefs-d'œuvre des maestro de
l'Italie, n'a vibré dans mon âme comme celle de mon inspiré
du ciel étendu sur son lit de mort (¹) ».

M. Salivas, dans sa thèse « De l'influence sur l'état mental
par l'approche de la mort » (²), rappelle que l'empereur Adrien
écrivit avant de mourir ces « vers charmants » :

Anima vagula, blandula
Hospes comesque corporis
Quæ nunc abibis in loca ?
Pallidula, rigida, nudula.
Nec, ut soles dabis jocos.

Que Ronsard composa de fort jolis vers pour une femme
aimée. et qu'Alfieri récita avec enthousiasme un passage
d'Hésiode qu'il n'avait lu qu'une fois.

La sœur du poëte Arthur Rimbaud s'exprime en ces
termes :

« Des symptômes de mort prochaine apparaissent. A ce
moment-là une transformation s'opère subitement, au milieu
des plus atroces souffrances physiques, une sérénité des-
cend en lui : il se résigne. Alors ce n'est plus un être humain,
un moribond : c'est un saint, un martyr, un élu. Il s'immaté-
rialise : quelque chose de miraculeux et de solennel flotte
autour de lui. Il formule des inspirations sublimes au Christ,
à la Vierge. Il fait des vœux, des promesses « si Dieu me
prête vie ». L'aumônier se retire d'auprès de lui, étonné et
édifié d'une telle foi. Jusqu'à la mort il reste bon et surhu-

(¹) LAUVERGNE, *loc. cit.*, t. I, p. 68.

mainement bon et charitable; il recommande les mission-
naires du Harar, les pauvres, les serviteurs de là-bas, il dis-
tribue son avoir, ceci à un tel, cela à tel autre « si Dieu veut
que je meure ». Il demande qu'on prie pour lui. Par moments, il est voyant, prophète; son ouïe acquiert une étrange
acuité; sans perdre un instant connaissance (j'en suis certaine), il a de merveilleuses visions; il voit des colonnes
d'améthyste, des anges de marbre et bois, des végétations et
des paysages d'une beauté inouïe, et pour dépeindre ses sensations, il emploie des expressions d'un charme pénétrant et
bizarre.

» Quelques semaines après sa mort, je tressaillais de surprise en lisant pour la première fois, *les Illuminations*. Je venais de reconnaître entre ces musiques de rêve et les sensations éprouvées et exprimées par l'auteur à ses derniers
jours une frappante similitude (¹) ».

On remarquera dans ces observations le mélange du subconscient objectivé en hallucination onirique, en vision, et
du subconscient s'exprimant en paroles et en œuvres, comme
dans l'inspiration et le somnambulisme.

C'est que l'agonie, selon toute probabilité et comme il est
naturel, surtout dans les maladies à évolution lente, est par
excellence le moment où l'organisme en général et le cerveau en particulier sont chargés de déchets toxiques en
grande quantité. C'est aussi pour la même raison (dans les
chapitres précédents nous avons vu la corrélation de ces
phénomènes) un moment d'élection pour les apparitions du
subconscient. Et en raison des idées qui dominent l'esprit du
moribond qui sait qu'il va mourir, et se prépare à bien mourir, selon son idéal de vie terrestre et d'au delà, ce subconscient révèle à la fois les deux préoccupations: celle de la vie
terrestre passée, par la création artistique ; celle de la vie
future qu'il présume céleste, par la vision mystique.

(¹) PATERNE BERRICHON, Rimbaud (*Revue Blanche* du 1er septembre 1897).

CONSIDÉRATIONS GÉNÉRALES

Vue d'ensemble. Pathogénie.

CONSIDÉRATIONS GÉNÉRALES

Nous avons cité un grand nombre de faits relatifs au sub-conscient dans les œuvres de l'esprit et chez leurs auteurs.

Ce subconscient, nous l'avons vu, pivote, pour ainsi dire, autour d'un état type qui est *le rêve:* c'est dire qu'il est le plus souvent nocturne et qu'il se manifeste pendant le sommeil. C'est, en effet, ce que nous avons observé. Mais ce sub-conscient, dans certains cas cités, empiète sur la veille, se mêle à elle, l'interrompt même. Or, ces cas, cela a été prouvé, ne sont différents qu'en apparence des précédents, les états où se manifeste le subconscient étant *analogues au rêve.*

Résumons notre travail :

1o Nous avons d'abord étudié les phénomènes de matura-tion intellectuelle, dont le cas type est le suivant : Un auteur s'endort après avoir réfléchi longuement à une partie de son œuvre ou à l'œuvre tout entière; le lendemain, au réveil, un travail subconscient ayant eu lieu, peut-être en rêve, les idées se présentent claires; une partie de l'œuvre ou l'œuvre entière, obscure encore la veille, s'est pour ainsi dire créée;

2o Nous nous sommes ensuite occupé des phénomènes oniriques nocturnes, phénomènes que nous avons groupés sous trois chefs :

A) L'hallucination hypnagogique, manifestation du sub-conscient au moment où le sommeil nous gagne ou nous abandonne.

B) Le rêve-travail, ou le subconscient objectivé pendant le sommeil.

C) L'hallucination, et dans ce chapitre, nous avons vu le subconscient franchir les limites du sommeil nocturne et faire son apparition dans la veille, véritable prolongation du rêve en pleine réalité.

3° Nous avons étudié enfin le subconscient manifesté à l'état de veille, vivant à côté du moi conscient dans le phénomène d'inspiration ou se substituant à lui dans le phénomène de somnambulisme à l'état de veille.

Nous sommes allé du normal au pathologique : il est bien difficile de savoir où s'arrête l'un et où commence l'autre. Il nous paraît cependant naturel de considérer comme plus rapproché de la maladie le subconscient à l'état de veille, et plus compatible avec la santé le subconscient nocturne.

D'ailleurs, la pathologie mentale ne nous offre-t-elle pas de nombreux cas qu'on peut rapprocher de celui qui nous occupe ? et ne sait-on pas, par exemple, que l'alcoolisme se manifeste par des rêves : rêves d'animaux, rêves professionnels, avant de se manifester par du délire.

Le subconscient nocturne, c'est-à-dire les rêves, est un acheminement vers le subconscient diurne, c'est-à-dire l'hallucination, l'automatisme cérébral et le somnambulisme ; mais, dans beaucoup de cas, et notamment dans un grand nombre de ceux que nous citons dans notre travail, le passage de l'un à l'autre ne s'effectue jamais.

Nous avons rapproché, à l'instant, les phénomènes de subconscience des phénomènes psychiques observés dans l'alcoolisme ou dans toute autre intoxication, car l'alcoolisme n'est qu'une forme d'intoxication. Est-ce un rapprochement fortuit ? C'est ce qu'il nous reste à dire.

Dans le cours de notre thèse, nous avons parlé de l'ouvrage de notre maître, M. le D\u02b3 Régis, au sujet des hallucinations oniriques chez les mystiques et de leur analogie avec les hallucinations observées dans les psychoses infectieuses, dans l'hystérie, et d'une façon générale dans tous les délires toxiques ; et d'autre part, nous avons vu que les hallucinations oniriques, observées chez les auteurs des œuvres de l'esprit, sont en tout comparables à celles des mystiques.

D'autre part, les délires toxiques, dont l'étude a aussi été faite par M. le Dr Régis, sont des délires oniriques ou de rêve. Les phénomènes morbides de subconscience sont des phénomènes oniriques ou de rêve, ils doivent être, par conséquent, dus à une intoxication.

Quelle serait cette intoxication ?

Il faut savoir qu'il n'y a pas que les maladies infectieuses et les poisons qui soient susceptibles de déterminer les phénomènes oniriques. L'auto-intoxication, à quelque degré que ce soit et quelle que soit son origine, est aussi capable de donner naissance aux mêmes phénomènes, mais à un degré moindre que les poisons (du moins le plus souvent). C'est ce qui explique que la cause de ces phénomènes passe souvent inaperçue. Il est d'ailleurs assez facile d'expliquer l'origine de l'intoxication dans le cas qui nous occupe, là où elle n'est pas due à une cause flagrante, tel que l'abus d'excitants ou l'existence d'une infection avérée. Les conditions de vie recluse, les méditations fréquentes, le fonctionnement constant de la pensée favorisent l'intoxication des centres nerveux.

Plus un organe travaille, plus il se développe, et plus il est susceptible, en même temps, de maladie. Une des maladies du cerveau, c'est l'automatisme ou l'apparition du subconscient. Et ce subconscient, nous l'avons vu, au lieu d'être un trouble pour l'esprit, est souvent un ferment de création, quand il n'est pas lui-même création.

Enfin, ce n'est point diminuer le mérite de l'auteur d'une œuvre que de faire la part du subconscient dans celle-ci; au contraire, c'est lui rendre ce qu'on lui enlevait jadis lorsqu'on attribuait à une puissance supérieure les idées venues à l'insu de la conscience; qu'importe que ce soit santé parfaite ou trouble léger du cerveau ! Le trouble léger d'aujourd'hui n'est peut-être que la santé parfaite de demain, surtout lorsqu'il s'agit d'œuvres qui honorent l'esprit humain. Le subconscient est bien le résultat des acquisitions antérieures de l'esprit, que le cerveau a conservé, et qu'il rend automatiquement ; et s'il contribue à créer une œuvre, c'est qu'il fait bien partie de la cérébralité du créateur.

Telles sont les conclusions de notre thèse qui, dans l'état actuel de la question, ne peut en avoir de plus précises.

INDEX BIBLIOGRAPHIQUE

ARAGO. — Notices biographiques, Paris 1855.

AZAM. — Amnésie périodique ou dédoublem. de la personnalité, Bordeaux 1877.

BAILLARGER. — Etudes de l'état hypnagogique (*Annales médico-psychologiques*, 1845).

BINET. — Les altérations de la personnalité, Paris, 1892.

— L'année psychologique, trois années 1894, 1895, 1896.

BINET et FÉRÉ. — La théorie physiologique des hallucinations (*Revue scientifique*, 17 janvier 1885).

Louis BLANC (Sous la direction de). — Histoire des peintres.

BRIERRE DE BOISMONT. — Les Hallucinations, Paris 1845.

— Etudes psychologiques sur les hommes célèbres, Paris 1872.

BROUSSAIS. — De l'irritation et de la folie, Paris 1828.

CABANIS. — Sur les rapports du physique et du moral.

CHABAL. — Les délires dans l'impaludisme (Thèse Bordeaux 1897).

COLSENET (E). — Etudes sur la vie inconsciente de l'esprit, Paris 1880.

DELAGE. — Essai sur la théorie du rêve (*Revue scientifique*, 11 juil. 1891).

DELBŒUF. — Le sommeil et les rêves (*Rev. philosophique*, t. VIII et IX, 1880).

DESAGES. — L'extase, Paris 1866.

DESPINE. — Le somnambulisme de Socrate (*Rev. philosophique*, t. IX, 1880).

DUCAMP (M). — Souvenirs littéraires. Paris 1887.

DUPUY. — Etude psycho-physiologique sur le sommeil (*Journal de médecine de Bordeaux*, 1879).

DUPUY. — L'automatisme psychologique, Bordeaux 1891.

FÉRÉ (Ch). — Note pour servir à l'histoire de l'état mental des mourants (Comptes rendus hebdomadaires des séances et mémoires de la Société de biologie, 1889).

FÉRÉ (Ch). — L'ivresse émotionnelle (*Revue de médecine*, octobre 1888).

FOUILLÉE. — Conscience et inconscience (*Revue des Deux Mondes*, octobre et novembre 1883).

FOUILLÉE. — L'homme automate (*Revue des Deux Mondes*, 12 août 1886).

GUILLON. — Essai sur les hypermnésies (Thèse Bordeaux 1896).

DE HARTMANN. — Philosophie de l'Inconscient (2 vol., Alcan 1891).

HIPPOCRATE. — Livre des songes.

JANET (Pierre). — L'automatisme psychologique, Paris 1891.

LASÈGUE. — Le sommeil, études médicales, Paris 1881.

LAURENT (Ch). — Des états seconds (variations pathologiques du champ de la conscience (thèse Bordeaux 1892).

LAUVERGNE. — De l'agonie et de la mort, 2 vol.

LE LORRAIN. — Sur le souvenir des rêves (*Revue philosophique*, t. XLII, 1896).

LÉLUT. — Mémoire sur le sommeil, le songe et le somnambulisme (*Ann. méd.-psychol.* t. IV, 1852).

LÉLUT. — Le démon de Socrate.

— L'amulette de Pascal (*Ann. méd.-psychol.*, 1845).

LIÉBAULT. — Du sommeil et des états analogues, Paris 1890.

LOMBROSO. — L'homme de génie (trad. Colonna d'Istria, Paris 1889).

MACARIO. — Des Hallucinations (*Ann. méd.-psychol.*, 1843).

— Du sommeil, des rêves et du somnambulisme dans l'état de santé et de maladie (*Ann. méd.-psychol.*, 1846-1847).

MAUDSLEY. — La pathologie de l'esprit, Londres (trad. Germond, Paris 1883).

MAURY. — Le sommeil et les rêves, Paris 1861.

— Le somnambulisme naturel et l'hypnotisme (*Revue des Deux Mondes*, t. XXV, 1860).

MAURY. — La magie et l'astrologie dans l'antiquité et le moyen âge, Paris 1860.

MAURY et MICHÉA. — Discussion sur le somnambulisme, séance du 28 novembre 1859 de la Société médico-psychol. (*Ann. méd.-psychol.* 1860).

MAX SIMON. — Le monde des rêves, Paris 1882.

MICHÉA. — Délire des sensations, Paris 1846.

MOREAU (de Tours). — Du haschich et de l'aliénation mentale, Paris 1845.

— La psychologie morbide dans ses rapports avec la philosophie de l'histoire, ou de l'influence des névropathies sur le dynamisme intellectuel, Paris 1869.

NORDAU. — Dégénérescence (trad. Dietrich, 2 vol., 4e édition).

— Psychophysiologie du talent et du génie (trad. Dietrich, Paris 1897).

PITRES. — Leçons cliniques sur l'hystérie et l'hypnotisme (faites à l'hôpital Saint-André de Bordeaux, Paris 1891).

PITRES et RÉGIS. — Séméiologie des obsessicns et idées fixes (Rapport présenté au XIIe Congrès international de médecine tenu à Moscou, août 1897).

PICHON. — Contribution à l'étude des délires oniriques ou délire de rêve (Thèse Bordeaux 1896).

PROUVOST. — Le délire prophétique (Thèse Bordeaux 1896).

RÉGIS (E). — Hystérie et folie (Congrès des aliénistes français, Clermont-Ferrand, 1892).

RÉGIS (E). — Les hallucinations oniriques chez les dégénérés mystiques (Comptes rendus du Congrès des aliénistes à Clermont-Ferrand et Tribune médicale, 1892).

RÉGIS (E). — Les délires toxiques et infectieux (Leçons cliniques, 1895-1896).

—   L'état mental des hommes de génie (Leçons clin., 1896-1897).

REVEILLÉ-PARISE. — Hygiène de l'esprit, Physiologie et hygiène des hommes livrés aux travaux intellectuels, Paris 1881.

RIBOT (Th). — Les maladies de la mémoire, Paris 1885.

—   Les maladies de la personnalité, Paris 1891.

—   La psychologie des sentiments (2e édition, Paris 1897).

RICHET (Ch'. — L'homme et l'intelligence, Paris 1891.

—   Préface de « l'Homme de génie » de Lombroso.

ROUSSEAU. — Nature des délires choréiques (Thèse Bordeaux, 1896).

SALIVAS. — De l'influence exercée sur l'état mental par l'approche de la mort (Thèse Bordeaux, 1883).

SOURIAU (P). — Théorie de l'invention (Thèse doctorat ès lettres, Paris 1881).

TAINE (H). — L'intelligence, Paris 1873.

TISSIÉ. — Les rêves, physiologie et pathologie (2e édition, Paris 1897).

TOURDES. — Sommeil (Dictionn. encyclopédique des sciences médicales).

YOUNG. — Sommeil normal et pathologique (Doin, Paris 1883).

Œuvres. — Mémoires. — Biographies.

Bordeaux. — Imprimerie du Midi, P. CASSIGNOL, 91, rue Porte-Dijeaux.

TABLE DES AUTEURS CITÉS

Pages

A

Adam (Paul)............ 40-51	59
Adrien...................	110
Alfieri 95-105	110
Alacoque (Anne-Marie)......	82
Arago....................	25
Arnheim (Bettina d')........	33
Aubigne (d')...............	68
Aulu-Gelle...............	88

B

Baillarger	31
Balzac.................	90
Bauer	99
Beethoven	92
Bernheim	37
Binet..................	11
Blake............. 73	88
Blaze de Bury......... ..	102
Bois (Jules)	89
Bonnet.................	99
Brierre de Boismont	61
Brillat-Savarin	42
Broca	16
Brutus	61
Burdach.......... 31-42	53
Burger (W.)..............	88

C

Cabanis.................	53
Cardan .... 53.	72
Carpenter	92
Carrière...............	107
Castlereagh	75
Cellini (B.).............	66
Chopin.................	101
Coleridge.......... 51	56
Colomb (Christophe)........	65
Condillac..............	25
Condorcet	52
Constantin.............	62
Cromwell..............	69

Pages

D

Dante (Le) 53	99
Descartes........... 69	98
Despine..............	88
Diderot.............	88
Dion................	61

E

Eusèbe..............	62

F

Fabié (F.)........ 52	59
Fleury (de)...........	21
Fontaine (La)	52
Fox................	98
Franklin 53
Fuh	99
Fuseli....	88

G

Galien..............	62
Gautier (Th.)..........	90
Glaber (Raoul)..	64
Gluck	98
Goethe........... 16-76	92
Gourmont (Rémy de). 48-52-59	101
Grasset (Eug.)........... 57	80
Gretry............. 76	98
Guyon (Mme)...........	71

H

Hartmann (de) 15-23	106
Haydn..............	98
Hegel..............	92
Heine (H.).......... 39	58

I

Indy (Vincent d') 26	79
Irving (W.)	65

J

Janet............. 11	38
Julien	62

	Pages		Pages
K		Regnault (F.)	105
Kruger	53	Renan	16
		Ribot	44-57 107
L		Richepin	40-48 56
Lamartine	102	Richet	44-26 43
Lasègue	79	Rimbaud (Arthur)	110
Laurent (Ch.)	37	Rochegrosse (G.)	55
Lauvergne	108	Roll	35
Leibnitz	99	Ronsard	110
Lelorgne de Savigny	33	Rosny (Léon de)	55 57
Lelut	69	Rossini	99
Licinus	64		
Lombroso	98	**S**	
Londonderry (Lord)	76	Saint-Saens (C.)	105
Luther	83	Salivas	110
		Sarrazin (G.)	50-57 59
M		Savonarole	65
Magre (Maurice)	36	Schelling	106
Maignan	53	Schiller	98
Mauclair (Camille)	89	Schopenhauer	23 72
Maudsley	25	Schumann	76
Maury	34 80	Scott (Walter)	23
Michelet	24	Seon (Alexandre)	55
Mickiewicz	77 100	Shelley	73 89
Mill (John-Stuart)	92	Siméon-Stylite	82
Milton	93	Simon (Max)	42
Mistral	101	Slowacki	100
Mozart	93	Socrate	87
Muller	31	Spinosa	65
Musset (A. de)	102	Stael (Mme de)	101
		Sully-Prudhomme	25-41 57
N		Swedenborg	72
Napoléon	99		
Necker de Saussure (Mme)	101	**T**	
Newton	15 98	Tartini	72
Nordau (Max)	11	Tasse (Le)	58
		Thérèse (Sainte)	82
P		Theuriet (A.)	40-45 56
Paisiello	98	Thomas	99
Palissy (Bernard)	41 56	Thomas d'Aquin (Saint)	63
Pascal	69	Tissié	38
Pitres	91	Tocco (Guillaume de)	63
Pitt	98	Tolstoi	34-102 105
Pouvillon	48	Tronchin	98
Q		**V**	
Quincey (Th. de)	78 101	Van Helmont	65
		Vigny (A. de)	25
R		Voltaire	53
Rachilde (Mme) 43-49-56-59-60	78	**W**	
Radow	42		
Raffaelli	43-60 91	Wagner	78
Régis (E.)	80-91 105		

TABLE DES MATIÈRES

————

	Pages.
Préface de M. le Dr Régis	5
INTRODUCTION. — Considérations générales sur le subconscient......	7
CHAPITRE PREMIER. — *Subconscient physiologique.*	
Maturation d'idées ayant occupé la conscience à un moment donné, généralement nocturne..............	23
CHAPITRE II. — *Phénomènes oniriques.*	
a) Les Hallucinations hypnagogiques..........	31
b) Les Rêves....................................	37
c) Les Hallucinations...........................	61
CHAPITRE III. — *Subconscient à l'état de veille.*	
1o Somnambulisme à l'état de veille	87
2o Inspiration	93
3o Modifications de l'état mental observées dans l'agonie.. ...	108
CONSIDÉRATIONS GÉNÉRALES. -- Vue d'ensemble. Pathogénie........	115
INDEX BILIOGRAPHIQUE	119
TABLE DES AUTEURS CITÉS.................................	123

————